# 素养本位下的高中化学实践研究

徐祚寿　著

北方联合出版传媒（集团）股份有限公司
辽宁科学技术出版社

图书在版编目（CIP）数据

素养本位下的高中化学实践研究 / 徐祚寿著. -- 沈阳 : 辽宁科学技术出版社, 2023.12
ISBN 978-7-5591-3507-0

Ⅰ. ①素… Ⅱ. ①徐… Ⅲ. ①中学化学课—教学研究—高中 Ⅳ. ①G633.82

中国国家版本馆CIP数据核字(2024)第061881号

出版发行：辽宁科学技术出版社
（地址：沈阳市和平区十一纬路 25 号　邮编：110003）
印 刷 者：济南大地图文快印有限公司
经 销 者：各地新华书店
幅面尺寸：170mm×240mm
印　　张：12.875
字　　数：210 千字
出版时间：2025 年 5 月第 1 版
印刷时间：2025 年 5 月第 1 次印刷
策划编辑：王玉宝
责任编辑：刘翰林　孙　东
责任校对：孙　阳　于　芳

书　　号：ISBN 978-7-5591-3507-0
定　　价：68.00 元

# 前　言

本书旨在深入探讨素养本位教育在高中化学教学中的应用与实践研究，并从理论基础、特点与要求、与其他学科的融合、家校合作与支持等多个方面进行综合分析和阐述。通过对素养本位教育的研究和实践案例的分享，我们旨在为化学教师提供有效的指导和启示，推动他们在教学中运用素养本位教育的理念和方法。

第一章首先介绍了素养本位教育的理论基础，强调培养学生综合素养是该教育理念的核心目标。同时，在素养本位教育理念概述一节中，我们将详细阐述素养本位教育的基本概念和内涵，及其与传统教育模式的比较和优势。

第二章聚焦于素养本位教学在化学教学中的应用。我们将介绍素养本位教学模式和方法，包括项目学习、实验探究和讨论研究等，以及这些方法在化学教学中的具体应用的场景和效果。此外，我们还将分享一些素养本位教学在化学教学中的实践经验，帮助读者更好地理解和运用素养本位教育。

第三章将探讨素养本位教学在课堂设计与实施中的重要性。我们将介绍课堂设计的基本原则与要求，包括根据学生特点进行个性化设计、注重互动与反馈等。同时，我们还将分享一些素养本位教学下的课堂组织与管理策略，以及教学方法与策略的选择与应用。

第四章将重点评估素养本位教学对学生学习效果的影响。我们将探讨学生学习效果评价的重要性和方法，并分析素养本位教学对学生学习效果影响的评价。此外，我们还将介绍学生对素养本位教学的反馈与意见收集方法。

第五章将探讨素养本位教学下教师能力的提升与发展。我们将强调教师素养提升的必要性和途径，包括参加培训、研究和互动交流等方式。我们还将探讨教师角色与能力的转变策略，以适应素养本位教育的需求。

第六章将介绍素养本位教学与其他学科的跨学科融合。我们将阐述跨学科教学的意义和目的，重点讨论化学与其他学科的跨学科融合策略，并分享一些在素养本位教学中实施跨学科教学的案例和经验。

第七章将聚焦于家校合作与支持在素养本位教学中的作用。我们将探讨家校合作与支持的意义和目标，分享一些素养本位教学下家校合作与支持的策略，并探讨家长对素养本位教学的认知和反馈。

第八章将重点讨论教育资源与技术支持在素养本位教学中的作用。我们将介绍教育资源的种类和重要性，以及素养本位教学下教育资源的选择和应用。同时，我们还将探讨教育技术在素养本位教学中的支持与应用，以促进教学效果的提升。

第九章将给出几个高中化学素养本位教学的实践研究案例，详细介绍其设计与实施的过程，并进行案例比较与总结分析，以帮助读者更好地理解和运用素养本位教育。

在撰写本书的过程中，我们以系统性、科学性和实践性为原则，综合了大量的研究成果和实践经验，并注重理论与实践的结合。我们希望通过本书的分享和传播，能够为广大教育工作者提供有益的参考和指导，推动素养本位教育在高中化学教学中的不断发展与应用。

# 目　录

# 第一章　素养本位教育的理论基础

## 第一节　素养本位教育理念概述

### 一、什么是素养本位教育

素养本位教育是一种以培养学生综合素养为核心的教育理念和教育方式。它强调培养学生的能力、品德和价值观，将学生的素养放在教育的核心地位上。素养本位教育注重培养学生的创新能力、实践能力和自主学习能力，使学生能够全面发展，并成为具有社会责任感和能力的公民。

素养本位教育将学生的全面发展作为教育的目标，强调培养学生的能力和品德。学生在素养本位教育中不仅要掌握一定的知识和技能，还要培养其适应社会发展和变化的能力，包括创新能力、解决问题的能力、合作与交流的能力等。此外，素养本位教育强调学生的品德培养，鼓励学生树立正确的价值观和道德观，培养良好的人际关系、社会责任感和公民意识。

在素养本位教育中，教师不再仅仅是知识的传授者，而是学生全面发展的引导者和促进者。教师要注重培养学生的自主学习能力，激发学生的学习兴趣和动力。此外，教师还要注重培养学生的创新能力和实践能力，通过引导学生进行实践活动和项目实践，使学生能够将所学的知识和技能应用到实际生活中。

素养本位教育还注重培养学生的综合素养，即知识素养、技能素养和情感素养的统一。学生不仅要掌握一定的知识和技能，还要培养积极的情感态度和正确的价值观，使他们能够在实际生活中做出正确的选择和决策。

素养本位教育的实施是一项系统工程，它需要学校、教师、家长和社会的共同努力。学校要建立科学合理的教育体制和评价体系，为学生的全面发展提供保障。教师要不断提高自己的专业素养，更新教育观念和教育方法，为学生的发展提供良好的教育环境和教育资源。家长要积极参与学生的教育和培养，为学生的全面发展提供支持和帮助。社会要提供广阔的发展空间和机会，为学生的实践能力和创新能力的培养提供条件和支持。

总之，素养本位教育是一种以培养学生综合素养为核心的新型教育理念和教育方式。它注重培养学生的能力、品德和价值观，使他们能够全面发展，并成为具有社会责任感和能力的公民。素养本位教育的实施需要学校、教师、家长和社会的共同努力，才能取得良好的教育效果。

## 二、素养本位教育的特点

素养本位教育是一种注重培养学生综合素养的教育理念和教育方式。它强调培养学生的能力、品德和价值观，将学生的素养放在教育的核心地位。素养本位教育有以下几个特点。

首先，素养本位教育注重培养学生的全面发展。传统的教育往往过于注重学科知识的传授，忽视了学生其他方面的发展。素养本位教育强调学生的全面发展，包括对智力、情感、品德、体质等各个方面的培养，又如培养学生的创新能力、实践能力和合作能力，促进学生的身体健康和情感发展。通过培养学生的各项能力，使其成为全面发展的人才。

其次，素养本位教育注重培养学生的能力。能力培养是素养本位教育的关键，素养本位教育注重培养学生的创新能力、实践能力和解决问题的能力。学生通过实践活动和项目实践，能够将所学的知识和技能应用到实际生活中，培养其解决问题的能力和创新思维。通过培养学生的能力，使其具备适应未来社会发展和挑战的能力。

第三，素养本位教育关注学生的品德培养。随着社会的发展，人们对于学生品德的培养越来越重视。素养本位教育强调培养学生的社会责任感、公民意识和道德品质。通过灌输正确的价值观和道德观，培养学生正确的行为准则和道德观念。同时，通过课程内容的设计和教育活动的组织，使学生能够理解并接受社会的规范和价值。

第四，素养本位教育注重学生的自主学习和自主发展。学生在素养本位教育中不再是被动的接受者，而是自主学习和发展的主体。教师通过引导学生进行独立思考、自主探究和自主学习，激发学生的学习兴趣和动力。学生在自主学习中能够形成独立思考的能力，提高解决问题的能力，并发展出自己的兴趣与特长。

最后，素养本位教育注重学生的实践能力和创新能力。培养学生的实践能力和创新能力是素养本位教育的重要任务。学生通过各种实践活动和项目实践，能够将所学的知识和技能应用到实际生活中，通过创新思维和创造性的实践，寻找解决问题的新方法和新思路。学生在实践和创新中培养动手能力、独立思考和解决问题的能力，为未来的发展提供了重要的准备和条件。

总之，素养本位教育强调学生的全面发展、能力培养、品德培养、自主学习和发展、实践能力和创新能力培养等特点。通过实施素养本位教育，可以培养学生综合素养，使其具备适应社会发展和变化的能力，成为有社会责任感和能力的公民。

## 三、素养本位教育的目标

素养本位教育是一种以培养学生基本素养为目标的教育理念和方法。它强调培养学生全面发展的综合素养，包括智力、情感、品德、体质等各个方面。在素养本位教育中，学生不仅仅是知识的接受者和灌输的对象，素养本位教育更加注重学生的主体性和能动性，培养他们的自主学习和思考能力，以及解决问题的能力。素养本位教育的目标主要有以下几个方面。

首先，素养本位教育的目标是培养学生的综合素质。传统的教育往往只注重学科知识的传授，忽视了学生其他方面的发展。素养本位教育强调学生的全面发展，包括智力、情感、品德、体质等各个方面的培养。教育的目标是使学生在智力、情感、品德、体质等各个方面有一个全面而健康的发展。通过培养学生的综合素质，使他们具备适应社会发展和生活需求的能力。

其次，素养本位教育的目标是培养学生的能力。在素养本位教育中，能力是关键。教育的目标不仅仅是把知识传达给学生，更重要的是培养学生的能力，使他们具备适应现实生活和未来发展的能力。素养本位教育注重培养学生的创新能力、实践能力和解决问题的能力。通过实践活动和项目实践，学生能够将所学的知识和技能应用到实际生活中，培养他们解决问题的能力和创新思维。通过培养学生的能力，使他们具备适应未来社会发展和挑战的能力。

第三，素养本位教育的目标是培养学生的品德。在学生的教育过程中，品德教育是十分重要的一环。素养本位教育注重培养学生的社会责任感、公民意识和道德品质。学生不仅仅要学习知识，还要学会如何正确地行为和思考，如何在社会中正确地处事。通过灌输正确的价值观和道德观，培养学生正确的行为准则和道德观念。通过培养学生的品德，使他们成为有良好道德品质和社会责任感的公民。

第四，素养本位教育的目标是培养学生的自主学习和自主发展能力。在素养本位教育中，学生不再是被动的接受者，而是自主学习和发展的主体。教师通过引导学生进行独立思考、自主探究和自主学习，激发学生的学习兴趣和动力。学生在自主学习中能够形成独立思考的能力，提高解决问题的能力，并发展出自己的兴趣与特长。通过培养学生的自主学习和自主发展能力，使他们成为具备独立思考和自我发展的人才。

最后，素养本位教育的目标是培养学生的实践能力和创新能力。在现实生活中，知识的应用和创新思维是十分重要的。素养本位教育强调培养学生的实践能力和创新能力。通过各种实践活动和项目实践，学生能够将所学的知识和技能应用到实际生活中，通过创新思维和创造性的实践，寻找解决问题的新方法和新思路。在实践和创新中培养学生的动手能力、独立思考和解决问题的能力，为未来的发展提供了重要的条件。

综上所述，素养本位教育的目标是培养学生全面发展的综合素养，并注重培养学生的品德、自主学习和自主发展能力，以及实践和创新能力。这些目标的实现，可以使学生成为具备综合素养和适应未来社会发展需要的人才。素养本位教育的目标旨在培养具备综合素养的学生，提高他们在各个方面的能力和素质，为他们的未来发展打下良好的基础。

# 第二节　素养本位教育的特点与要求

## 一、培养学生的综合素养

素养本位教育是以培养学生综合素养为目标的教育理念和方法。它强调培养学生的智力、情感、品德、体质等各个方面的发展，注重学生的主体性和能动性，提倡学生的自主学习和思考能力。在素养本位教育中，学生不再是被动的接受者和灌输的对象，而是主动参与者和自主学习的主体。通过素养本位教育，学生可以得到全面发展，培养出综合素养。

首先，素养本位教育注重培养学生的学科素养。学科素养是指学生在各个学科领域中所具备的知识、技能和能力。素养本位教育通过灵活多样的教学方法，激发学生的学习兴趣，培养学生的求知欲和学习能力。在学科学习中，学生不仅仅要记忆知识，更要提高理解、分析、推理、判断、应用等能力。学生通过解决问题和应用知识的实践，提高学科素养，为综合素养的发展奠定基础。

其次，素养本位教育注重培养学生的创新素养。创新素养是指学生具备发散思维、创造思维和创新能力。素养本位教育通过培养学生的创造性思维和实践能力，激发学生的创新潜能。学生在实践活动中，通过观察、实验和探究，培养发现问题、提出问题和解决问题的能力。学生在创新活动中，提出新的观点和想法，寻找新的解决方法，不断推陈出新。通过培养学生的创新素养，使他们具备创新思维和创新能力，为综合素养的发展提供动力。

第三，素养本位教育注重培养学生的文化素养。文化素养是指学生对于人类文化的了解、认同和热爱。素养本位教育通过拓宽学生的视野和丰富学生的阅历，培养学生的文化素养。学生通过多样的文化体验和文化交流，了解不同的文化传统和价值观念，增强文化认同感和文化自信心。学生通过学习和欣赏文学、艺术、音乐、舞蹈等，培养审美情趣和欣赏能力。通过培养学生的文化素养，使他们具备广博的文化视野和深厚的文化修养。

第四，素养本位教育注重培养学生的社会责任感和公民素养。社会责任感和公民素养是指学生对于社会和国家的责任感和担当意识。素养本位教育通过开展社会实践活动和公益事务，培养学生的社会责任感和公民素养。学生通过参与社区服务、环保活动、志愿者活动等，感受社会和国家的需要，培养团队合作和社会参与的能力，提高对社会和国家的责任感。通过培养学生的社会责任感和公民素养，使他们成为有社会责任感和公民意识的人。

最后，素养本位教育注重培养学生的身心素养。身心素养是指学生的身体健康和心理健康。素养本位教育通过开展体育运动和心理健康教育，培养学生的身心素养。学生通过体育运动，培养良好的体育习惯和体育技能，提高身体素质和健康水平。学生通过心理健康教育，了解自身的情感和心理状态，学会调节情绪和解决心理问题。通过培养学生的身心素养，使他们具备健康的身体和积极的心态。

## 二、强调学生实践能力的培养

素养本位教育是一种教育理念和方法，强调培养学生的综合素养，其中包括学生实践能力的培养。实践能力是指学生在实际应用中解决问题的能力，包括动手能力、团队协作能力、创新能力等。在素养本位教育中，学生不仅仅是被动地接受知识，更要通过实践活动，将所学的知识和技能应用到实际中，培养学生的实践能力。

首先，素养本位教育注重培养学生的动手能力。动手能力是指学生通过动手操作和实践活动，掌握实际操作技能和解决问题的能力。素养本位教育通过开展实验课程、实践实习和实训课程等，培养学生的动手能力。学生通过亲自动手，学习并掌握实际技能，将理论知识转化为实际操作能力。学生在实践活动中，需要调动自己的各种感官和肌肉，充分发挥自己的动手能力。通过培养学生的动手能力，使他们具备实际操作的能力，能够应对实际工作和生活中的各种问题。

其次，素养本位教育注重培养学生的团队协作能力。团队协作能力是指学生与他人合作，共同完成任务和解决问题的能力。素养本位教育通过开展团队合作的实践活动，培养学生的团队协作能力。学生在团队中，需要与其他成员沟通与合作、分工与协作，共同完成任务。通过团队合作，培养学生的沟通能力、协商能力和领导能力，提高学生的团队意识与合作精神。通过培养学生的团队协作能力，使他们具备团队合作的能力，能够与他人共同解决复杂问题。

第三，素养本位教育注重培养学生的创新能力。创新能力是指学生具备独立思考、创造思维和创新能力。素养本位教育通过开展创新实践活动，培养学生的创新能力。学生在创新活动中，需要提出新的问题和观点，寻找新的解决方法，不断推陈出新。学生通过观察和分析、实验和探究，培养发现问题、提出问题和解决问题的能力。通过创新实践，培养学生的创造性思维和实践能力，提高学生的创新能力。通过培养学生的创新能力，使他们具备创新思维和创新能力，能够在实践中不断创新和改进。

第四，素养本位教育注重培养学生的实际应用能力。实际应用能力是指学生将所学的知识和技能应用到实际问题中解决问题的能力。素养本位教育通过开展实际应用课程和实践活动，培养学生的实际应用能力。学生在实际应用活动中，需要将所学的理论知识应用到实际问题中，解决实际问题。学生需要运用所学的知识和技能，分析问题，制定解决方案并加以实施。通过实际应用活动，培养学生的实际应用能力，使他们能够在实际工作和生活中灵活应用所学的知识和技能。

综上所述，素养本位教育通过培养学生的动手能力、团队协作能力、创新能力和实际应用能力，实现了学生实践能力的培养。通过素养本位教育，学生能够在实践中不断提升自己的能力和素养，将所学的知识和技能应用于实际问题的解决中，为个人的发展和社会的进步做出贡献。

## 三、注重学生的学科素养和品德素养的统一

素养本位教育是一种注重学生学科素养和品德素养相统一的教育模式。它强调培养学生的学术能力和道德素养，并将学科知识与品德修养有机结合起来。在素养本位教育中，学科素养和品德素养是相互促进、相互渗透的，通过统一和整合，实现学生全面素养的培养。

首先，素养本位教育注重培养学生的学科素养。学科素养是指学生在某一学科领域内，掌握知识、能够运用知识解决问题的能力。素养本位教育通过优

化学科课程设置、改革教学方法的方式，培养学生的学科素养。学生在学科学习中，需要掌握学科的基本知识和核心概念，培养学科思维和学科能力。学生通过学科学习，培养专业素养、科学素养和创新能力，提高学生在学科领域里的实际运用能力。通过培养学生的学科素养，使他们能够在学科领域里具备扎实的学科基础和学科综合能力。

其次，素养本位教育注重培养学生的品德素养。品德素养是指学生具备正确的道德观念、良好的道德行为和良好的品质与人格。素养本位教育通过课程设置、育人活动等方式，培养学生的品德素养。在学生的品德教育中，需要培养和弘扬社会主义核心价值观，树立正确的道德观念和行为准则。学生通过参与社会实践，锻炼和培养自己的品德修养，提高自律、自尊、自强和责任感等品格特质。通过培养学生的品德素养，使他们具备道德情操和敬业精神，成为社会主义事业的建设者和接班人。

素养本位教育强调学科素养和品德素养的统一。这意味着学科学习不仅注重学科知识的掌握和应用，更重要的是注重学生的人文关怀和道德教育。在学科学习中，教师既要传授学科知识，又要引导学生树立正确的价值观和世界观，养成正确的学习和行为习惯。在品德教育中，教师既要让学生明确道德底线，又要指导学生通过学科学习提升自己的道德境界。学科素养和品德素养的统一，使学科学习具有更加深入和全面的内涵，既有科学的思维和研究方法，又具备积极向上的人生追求。

素养本位教育通过强调学生的学科素养和品德素养的统一，提升学生的综合素养。学生在学科学习中，不仅能掌握学科知识和学习方法，更重要的是培养了创新思维和学科意识，提高解决问题的能力和实践能力。同时，学生的品德素养得到了全面发展，培养了优良的道德品质和社会责任感。通过培养学生的学科素养和品德素养的相统一，使学生具备全面的素养能力，能够适应和面对社会的挑战，为个人的成长和社会的发展做出贡献。

## 四、鼓励学生自主学习和创新精神的发展

素养本位教育是一种注重学生自主学习和创新精神发展的教育模式。它强

调学生的学习主体性和主动性，在教学过程中鼓励学生自主思考、独立学习，并培养学生的创新意识和创新能力。通过自主学习和创新精神的发展，学生能够更好地适应社会变革和知识更新的要求，具备创造力和创新能力，成为具有竞争力和适应性的人才。

首先，素养本位教育强调学生自主学习的重要性。自主学习是指学生在教师的指导下，独立思考、自主解决问题的学习方式。素养本位教育通过改革教学方法，激发学生的学习兴趣和主动性，培养学生自主学习的能力。学生在自主学习中，需要自主选择学习内容、学习方法和学习步骤，积极主动参与学习活动，通过实践和反思来提升自己的学习效果。自主学习能够培养学生的问题意识、思维能力和合作精神，使他们具备更加积极主动的学习态度和行为习惯。

其次，素养本位教育鼓励学生发展创新精神。创新精神是指学生具备开拓创新的意识和能力，能够独立思考、解决问题并进行创造性实践的能力。素养本位教育通过创新教学模式和活动设置，培养学生的创新精神。学生在创新活动中，需要树立创新意识，敢于接受挑战，勇于尝试，发现问题并寻求解决办法。学生通过创新活动，锻炼创造思维和创造力，培养解决问题的能力和实践能力。创新精神的培养能够激发学生的创造力和创新潜能，使他们具备未来社会的竞争力和创新能力。

素养本位教育强调学生自主学习和创新精神的发展，使学生具备了更好的适应社会变革和知识更新的能力。在日新月异的社会环境和知识更新的背景下，学生需要具备持续学习和自我发展的能力。自主学习和创新精神培养了学生的学习能力和创新能力，让学生能够主动获取知识，更新知识，不断提升自己的综合素质。同时，学生的自主学习和创新精神培养了他们的团队合作和沟通能力，使他们能够与他人合作，共同解决问题，实现目标。通过自主学习和创新精神的发展，学生能够更好地适应社会变革和知识更新的要求，成为具有竞争力和适应性的人才。

在实践中，素养本位教育通过丰富多样的教育形式和方法来培养学生的自主学习和创新精神。例如，学校可以组织学生参与社会实践活动，提供独立解决问题的机会；教师可以设计项目学习或探究性学习，让学生自主确定学习方向和解决方案；学校可以建立创客空间或者科技创新实验室，为学生提供一个自由发挥的场所。这些做法都有助于激发学生的学习兴趣和主动性，培养学生的自主学习能力和创新精神。

# 第三节 素养本位教育与化学教学的关系

## 一、素养本位教育在化学教学中的应用

素养本位教育是一种以培养学生的综合素养为目标的教育模式，强调学生自主学习和创新能力的培养。在化学教学中，素养本位教育的应用可以促进学生对化学知识的深入理解、学习动力的增强以及创新意识和问题解决能力的培养。

首先，素养本位教育注重学生的自主学习。传统的教学模式往往是教师为主导，学生被动接受知识，而素养本位教育强调学生的主动参与和自主学习。在化学教学中，学生可以通过自主选择学习内容、学习方法和学习步骤的方式，增强学习的主动性和关注度。教师可以提供一定的自主学习的资源和指导，鼓励学生进行独立思考和自主学习，从而更好地理解化学知识。例如，在学习有机化学时，学生可以根据自己的兴趣和需要，选择一些相关的有机化合物进行深入研究，通过查阅资料、实验验证和小组研究的方式，深入理解有机化合物的性质和应用。

其次，素养本位教育注重培养学生的实践能力。在化学教学中，实践是学生掌握化学知识和培养实践能力的重要手段。素养本位教育通过实验室实践、观察分析和数据处理等方式，培养学生的实践能力和科学思维。学生可以通过实验探究、观察实验现象和分析实验数据的方式，逐步理解化学原理，并将理论知识应用到实践中。实践活动不仅可以提高学生的学习效果，还可以培养学生的实践操作技能和科学思维。例如，在学习化学反应时，学生可以参与设计和进行实验，观察和记录实验现象，分析实验数据，从而深入理解反应机制和反应规律。

再次，素养本位教育注重培养学生的创新意识和问题解决能力。化学是一门创造性和发现性的科学，学生需要锻炼创新意识和解决问题的能力。素养本位教育鼓励学生独立思考、敢于质疑，通过自主设计实验、提出科学问题、探索新知识和应用，培养学生的创新能力和创造力。例如，在学习化学实验时，教师可以引导学生根据实验现象，提出一些新奇有趣的问题，并通过学生自主设计实验和探索，促使学生在实践中培养创新思维和解决问题的能力。学生通过创新性的实践和探索，能够拓宽化学知识的应用领域，培养创新思维和创造性解决问题的能力。

最后，素养本位教育注重培养学生的综合素质。在化学教学中，素养本位教育可以培养学生的团队合作意识和沟通能力。教师可以组织学生进行小组合作实验、科研项目等，通过合作探索和讨论，促使学生之间相互学习和交流，培养学生的合作能力和团队意识。同时，还可以组织化学竞赛活动、科学研讨会等，激发学生的竞争意识和创新潜能，培养学生的领导能力和组织能力。通过这些活动的开展，学生的综合素质得到全面发展。

## 二、如何通过化学教学培养学生的综合素养

综合素养是指学生在知识、技能、情感、态度等多个方面的全面发展。在化学教学中，培养学生的综合素养是教师的重要任务之一。通过化学教学，可以促进学生的科学素养、创新能力、实践能力、社会责任感、合作精神等方面的全面提升。

首先，化学教学可以培养学生的科学素养。科学素养是指学生对科学知识的理解和运用能力，以及科学思维和科学方法的培养。在化学教学中，教师应该注重培养学生的科学思维和分析问题的能力，引导学生运用科学知识来解决实际问题。通过实验教学，学生可以观察实验现象，分析实验数据，归纳出科学原理和规律。教师还可以设计一些开放性问题，鼓励学生进行探究性学习，培养学生的科学思维和质疑精神。通过这样的教学方式，学生不仅能够掌握化学知识，还能够培养科学素养，从而更好地理解和运用科学知识。

其次，化学教学可以激发学生的创新能力。化学是一门富有创造性的学科，

学生需要具备创新思维和解决问题的能力。在化学教学中，教师可以引导学生进行实验设计和研究性学习，培养学生的创新意识和动手能力。学生可以通过自主探究和实践操作，开展小研究、创新实验等活动，解决实际问题或提出新的化学理论。同时，教师还可以组织一些化学科研竞赛活动，让学生参与创新性的竞争，激发他们的创新潜力和创造能力。通过这些活动的开展，学生的创新能力得到了锻炼和培养。

再次，化学教学可以提升学生的实践能力。实践是学生学习化学的重要手段，通过实践活动可以巩固化学知识，培养学生动手操作的能力。教师可以设计一些探究实验、化学演示和实践练习，让学生亲自动手操作和观察实验现象，提高实践能力和观察能力。同时，教师还可以组织学生参加一些化学分析和检测的实践活动，让学生亲身体验化学在现实生活中的应用，培养学生的实践操作技能和科学思维。通过这样的实践活动，学生不仅能够加深对化学知识的理解，还能够提高其实践能力，为将来的学习和工作打下基础。

此外，化学教学还可以增强学生的社会责任感。在现代社会，化学的应用已经渗透到各个领域，学生需要具备对社会和环境的责任感。在化学教学中，教师可以引导学生了解化学在环境保护、资源利用和生物安全等方面的应用，培养学生的环境意识和社会责任感。通过开展一些环保实践活动、讨论社会问题等方式，学生可以深入思考化学与社会的关系，发展社会责任感，并相应地行动起来，为社会的可持续发展做出贡献。

最后，化学教学可以培养学生的合作精神。在现实生活中，团队合作和合作能力已经成为一个人综合素质的重要组成部分。在化学教学中，教师可以组织学生进行小组合作实验、科研项目等，通过合作探索和讨论，促使学生之间相互学习和交流，培养学生的合作能力和团队意识。学生在合作中可以相互倾听、相互学习、相互协作，加强彼此之间的沟通和理解能力，提高团队协作的效果，培养合作精神和团队合作能力。

## 三、通过化学实验培养学生的实践能力

实践能力是学生在实际操作和实践中运用所学知识的能力，是学生综合素

质的重要组成部分。在化学教学中，通过化学实验可以有效地培养学生的实践能力。化学实验是学生运用化学知识进行实际操作、观察和探究的过程，能够帮助学生加深对化学原理的理解，提高实践能力和探究精神。

首先，设计优质实验是培养学生实践能力的重要环节。优质实验既要符合学生的年龄特点和实际需要，又要能够帮助学生巩固化学知识，培养实践能力。在设计化学实验时，教师可以根据学生的水平和兴趣，选择有趣、可行的实验课题，并合理安排实验步骤和操作要点。教师还可以鼓励学生在实验中发挥创造力，提出设想和猜想，并引导他们思考实验结果的可能性和意义。通过设计优质实验，可以激发学生的实践兴趣，提高实践能力。

其次，培养实验技能是培养学生实践能力的重要手段。化学实验需要学生掌握一系列的实验技能，例如称量、溶解、过滤等操作技巧。在化学教学中，教师应该注重培养学生的实验技能，引导学生掌握正确的实验方法和操作技巧。教师可以通过示范、解释和演示等方式，传授实验技能的要点和注意事项，并引导学生进行实验操作。在实验过程中，教师应该注意引导学生进行规范的操作，关注实验安全和环保意识。通过反复实践和实验操作，学生可以逐渐掌握实验技能，提高实践能力。

再次，引导实验观察是培养学生实践能力的重要手段。实验观察是学生在实验过程中对实验现象、实验结果的观察和分析，能够帮助学生理解和运用化学知识。在化学教学中，教师可以引导学生仔细观察实验现象，注意实验条件和实验结果的变化，培养学生的观察力和分析能力。教师还可以设计一些有针对性的问题，引导学生观察和思考，分析实验数据和结论，并与所学的化学理论进行联系。通过引导实验观察，学生可以加深对化学原理的理解，提高实践能力和探究精神。

最后，实验总结是培养学生实践能力的重要环节。实验总结是学生对实验过程和结果的思考和总结，能够帮助学生整理和巩固所学的化学知识，提高实践能力。在化学教学中，教师可以引导学生对实验过程进行总结，包括对实验目的、实验步骤、实验条件和实验结果等方面的总结。学生可以回顾实验过程中的操作要点，思考实验中遇到的问题和解决办法，并总结实验的经验和教训。

通过实验总结，学生可以巩固所学的化学知识，提高实践能力和反思能力。

综上所述，通过化学实验可以培养学生的实践能力。教师在化学教学中应该设计优质实验，培养学生的实验技能，引导学生实验观察和实验总结，从而提高学生的实践能力和探究精神。通过化学实验的实践过程，学生不仅能够理解和应用所学的化学知识，还能够培养实践能力，为将来的学习和工作打下基础。

## 四、素养本位教育对化学教学内容和方法的影响

素养本位教育是一种以培养学生综合素质为目标的教育理念和教学模式。在化学教学中，素养本位教育对于教学内容和教学方法都产生了重要影响。

（一）教学内容

教学内容的整合与拓展。素养本位教育强调知识的整体性和联系性，化学教学不再是单纯传授知识点，而是将各个知识点进行整合，构建一个完整的知识体系，使学生能够形成全局观念。

知识与实践的结合。素养本位教育注重将知识运用于实际情境中，化学教学内容将注重培养学生的实验技能能力、科学探究能力和解决问题的能力，使学生能够将所学的知识应用到实际生活中。

引入前沿研究领域。素养本位教育鼓励教师引入前沿的科学研究成果，将最新的科学发展动态融入化学教学中，培养学生对科学的兴趣和热爱。

（二）教学方法

学生主体性与合作性。素养本位教育注重培养学生的自主学习能力和团队合作意识，化学教学中引入探究式学习、项目学习、小组合作等教学方法，使学生能够主动参与学习，通过合作解决问题，培养学生的自主学习和合作能力。

创设情境与问题导向。素养本位教育倡导教师创设情境，提出问题，引发学生的思考和探究，化学教学中可以通过实验、案例分析等方式，激发学生的兴趣和好奇心，培养他们的调查研究和问题解决能力。

多样化的评价方式。素养本位教育强调评价的多元性和综合性，化学教学不再只注重考试成绩，而是注重对学生知识、能力、态度和价值观等方面的全

面评价，采用多种评价方式，如作品展示、口头报告、实验报告等，鼓励学生全面发展和多方面展示自己的优势。

（三）教师角色

导航者与引导者。素养本位教育中的教师更多地扮演着学生学习的导航者和引导者的角色，他们不再只是传授知识，而是指导学生进行自主学习、引导学生解决问题、激发学生的创造力和创新思维。

学习资源的整合与利用。素养本位教育中的教师需要整合并灵活运用各种学习资源，如数字化教学工具、实验装置等，为学生提供更多的学习机会和实践机会。

学习环境的营造。素养本位教育中的教师需要为学生创造一个积极、合作、开放的学习环境，鼓励学生参与讨论、交流和合作，促进学生之间的互动和共同成长。

总之，素养本位教育对于化学教学内容和方法的影响主要体现在教学内容的整合与拓展、知识与实践的结合、引入前沿研究领域等方面。在教学方法上，强调学生主体性与合作性、创设情境与问题导向、多样化的评价方式等。同时，教师角色也发生了变化，从传统的知识传授者转变为学生学习的导航者和引导者。素养本位教育的实施将有助于培养学生的创新精神、实践能力和解决问题的能力，提高他们的综合素质。

## 五、素养本位教育对化学教师的培养要求

素养本位教育是一种以培养学生综合素质为目标的教育理念和教学模式，因此对化学教师的培养要求也与传统的教育有所不同。

（一）专业知识与实践能力

扎实的化学基础知识。化学教师要具备深厚的化学知识储备，包括化学原理、化学反应、物质的性质等方面的知识，并能够将这些知识有机地串联起来。

实验技能与科学探究能力。化学教师应具备丰富的实验经验和实验技能，能够熟练操作实验仪器，进行化学实验，并能够引导学生进行科学探究。

（二）教学理念与方法

素养本位教育理念的理解与实践。化学教师应深刻理解素养本位教育的核心理念，即以培养学生的综合素质为中心，注重学生的自主学习和合作学习，注重培养学生的实践能力和解决问题的能力，并能够将这一理念贯彻到教学实践中。

多样化的教学方法运用。化学教师需要掌握多种教学方法，包括探究式学习、项目学习、小组合作等，能够根据不同的学习目标和学生的特点选择合适的教学方法，提高学生的学习效果。

个性化教育与评价。化学教师应注重发现和培养学生的个性化特点，关注学生的发展需求，通过不同的评价方式，如作品展示、口头报告等，为学生提供充分的展示自己的机会，促进学生全面发展。

（三）师德修养与职业素养

爱岗敬业精神。化学教师应具备高度的责任心和奉献精神，积极投入到教学工作中，关心学生的学习和成长，不断追求教育教学的进步。

积极的学习态度与持续的专业发展。化学教师应保持学习的热情，不断更新教育理论和科学研究成果，不断提升自身的教育教学水平。

与学生和家长的良好沟通与合作。化学教师应具备良好的沟通能力，能够与学生和家长建立良好的关系，积极与他们合作，促进学生的全面发展。

（四）综合素质与跨学科能力

学科融合与跨学科教学。化学教师应具备跨学科思维和能力，能够将化学知识与其他学科相结合，开展跨学科教学活动，培养学生的综合素质和创新能力。

信息技术应用能力。化学教师需要掌握现代信息技术的应用，将信息技术融入到教学中，提高教学效果。

# 第二章　素养本位教学在化学教学中的应用

## 第一节　素养本位教学模式与方法介绍

### 一、探究式学习

素养本位教学模式是一种以培养学生全面素养为核心的教学模式。它强调培养学生的自主学习能力、创新思维和实践能力，注重培养学生解决问题的能力和终身学习的能力。在素养本位教学模式下，学校和教师的角色是引导者和促进者，通过提供丰富的学习资源和情境，激发学生的学习兴趣和主动性。

探究式学习是素养本位教学模式中的一种重要方法。它以学生为主体，强调学生通过实践探究和问题解决来构建知识和发展技能。探究式学习的过程中，学生需要主动提出问题、进行实验观察、收集和分析数据，并通过思考和讨论来推理和解决问题。这种学习方式培养了学生的观察能力、思辨能力、实践能力和合作能力。

在探究式学习中，教师的作用是引导学生的学习过程。教师可以通过启发性提问、讨论和指导等方式，帮助学生梳理思路、建立认知框架，并提供必要的背景知识和指导。同时，教师还可以组织学生之间的合作学习，让他们在小组中展开合作探究，共同解决问题，培养团队合作和沟通能力。

探究式学习注重培养学生的批判思维和创新能力。学生在实践探究中需要运用批判性思维分析和问题评估，提出解决方案，并通过实践进行验证和改进。这种思维方式可以培养学生的逻辑思维、创造力和创新意识，为他们未来的学习和工作打下坚实基础。

探究式学习也符合现代社会对人才培养的需求。在信息时代和知识经济的背景下，学生需要具备主动学习、自主探究和解决实际问题的能力。探究式学习能够培养学生的学习动力和学习能力，使他们能够适应和应对未来的挑战。

## 二、合作学习

合作学习是素养本位教学模式中的一种重要方法。它强调学生之间的互动和合作，通过共同合作解决问题，促进学生的学习和发展。合作学习可以激发学生的团队合作精神和沟通能力，培养学生的互助精神和社交技能。

在合作学习中，学生被组织成小组，每个小组的成员之间需要相互合作、协作，共同完成任务。任务设计上可以是一个开放性的问题、一个实践性的项目或者一个讨论性的活动。在小组中，学生需要相互交流和分享自己的想法，共同制定解决方案，并根据各自的专长和兴趣进行角色分工。

合作学习注重培养学生的批判思维和解决问题的能力。在小组合作过程中，学生需要共同探索问题，提出不同观点，并通过讨论和互相提问来推动思维的深入。学生不仅要关注问题的表层现象，还要能够进行分析和归纳，形成自己的理解和解决方案。通过与他人的合作，学生还能够从不同的角度看待问题，拓宽思维的视野。

合作学习也能够促进学生的自主学习和自我评价的能力。在小组中，学生需要根据任务的要求自主学习和研究相关知识，并通过协作完成任务。同时，学生还需要对自己和小组的工作进行评价和反思，发现问题并进行改进。这种自主学习和自我评价的过程，培养了学生的学习动力和学习能力，使他们能够在未来的学习和工作中独立思考和解决问题。

## 三、个性化学习

素养本位教学模式与个性化学习的结合是一种针对学生个体差异，关注学生个性化需求的教学方法。在这种教学模式中，教师不再一刀切地对待每个学生，而是根据每个学生的个体差异，制定相应的教学计划和教学策略，帮助学生全面发展和实现个人目标。下面将具体介绍素养本位教学模式与个性化学习的基本概念和原则，以及如何运用个性化学习方法实施素养本位教学模式。

（一）素养本位教学模式与个性化学习的基本概念和原则

1.素养本位教学模式的基本概念

素养本位教学模式以培养学生的素养为目标，强调通过学习和实践，培养学生的综合能力和创新意识，使学生能够运用所学知识解决问题和应对挑战。这种教学模式注重学生主体地位和参与性，利用多元化的学习活动和任务，引导学生积极参与学习，发挥主动性，培养学生的自主学习和探究能力。

2.个性化学习的基本概念

个性化学习是一种根据学生个体差异，满足学生个性化需求的教学方式。个性化学习以学生为中心，注重发挥学生的主体作用，根据学生的兴趣、能力和学习风格等个体差异，提供适合个体的学习策略和支持，帮助学生实现个人发展并取得成功。

3.素养本位教学模式与个性化学习的结合原则

关注学生个体差异。了解学生的个体差异，针对不同学生的特点和需求，制定个性化的学习计划和教学策略。

培养学生自主学习能力。通过个性化的学习支持和指导，培养学生自主学习和问题解决能力，激发学生的学习热情和主动性。

提供个性化的学习资源。根据学生的个体差异和学习需求，提供适合个体的学习资源和材料，促进学生的学习和发展。

注重学生的反馈和评价。及时反馈学生的学习情况和进展，鼓励学生反思和自我评价，促进学生的学习动力和成长。

（二）如何运用个性化学习方法实施素养本位教学模式

1.差异化教学

差异化教学是个性化学习的一种常用方法，教师可以根据学生的学习能力、兴趣和学习风格，提供不同难度和深度的学习任务和活动。对于高能力学生，可以提供更复杂和更有挑战性的任务；对于低能力学生，可以提供更简单和明晰的学习指导和支持。同时，通过小组合作学习、问题解决活动等方式，帮助学生在协作中学习和发展。

2.个别辅导

个别辅导是一种针对学生个体需求的学习支持方法，教师可以针对学生的学习问题和难点，提供个体化的辅导和解答。通过与学生的一对一交流和指导，帮助学生理解学习内容，解决学习困难，提高学习效果。在个别辅导过程中，教师要倾听学生的意见和建议，与学生共同制定学习目标和计划，培养学生的自主学习和探究能力。

3.自主学习

自主学习是培养学生自主探究和学习能力的重要方式。教师可以通过提供自主选题、自主学习任务、学习展示等方式，激发学生的学习热情和主动性。同时，教师要给予学生足够的自主权和自主决策的机会，引导学生制定学习计划和学习方法，培养学生的学习策略和自我控制能力。在自主学习过程中，教师要提供适当的指导和反馈，帮助学生进行学习评价和反思。

4.混合式学习

混合式学习是个性化学习的一种方式，将传统面授教学与在线学习相结合，为学生提供更广泛的学习资源和学习机会。教师可以根据学生的学习需求，选择合适的在线学习平台和资源，例如网络课程、在线作业、学习社区等，帮助学生进行自主学习和协作学习。在混合式学习中，教师要及时跟进学生的学习情况，提供个体化的学习指导和反馈，促进学生的学习动力和成长。

综上所述，素养本位教学模式与个性化学习的结合有助于培养学生的综合能力和创新意识。利用个性化学习的方法和策略，可以更好地满足学生个性化的学习需求，帮助学生实现个人发展并取得成功。在实施素养本位教学模式时，教师可以运用差异化教学、个别辅导、自主学习和混合式学习等方法，根据学生的个体差异和学习需求，提供个性化的学习支持和指导，促进学生的学习和发展。

# 第二节　素养本位教学在化学教学中的意义

## 一、注重学生个性发展

素养本位教学是一种以培养学生综合素质和个性发展为目标的教学模式，在化学教学中具有重要的意义。化学学科作为一门实践性很强的学科，需要学生能够理解和应用化学概念和原理，解决实际问题。下面将具体介绍素养本位教学在化学教学中的意义，并探讨如何注重学生个性发展。

（一）素养本位教学在化学教学中的意义

1.引导学生主动参与学习

素养本位教学注重发挥学生的主体作用，激发学生的学习热情和主动性。在化学教学中，教师可以通过设计有趣的实验、案例和项目，引导学生主动参与学习。例如，可以引导学生进行实验设计和实验操作，探究化学现象背后的规律和原理。通过这种方式，学生可以更深入地理解和应用化学知识，培养解决问题的能力和创新意识。

2.培养学生的综合能力

素养本位教学强调培养学生的综合能力，使学生能够运用所学知识解决实际问题。在化学教学中，教师可以引导学生进行科学探究，将化学知识与实际生活相结合。例如，可以引导学生研究某种常见物质的性质和用途，了解化学在生活中的应用。通过这样的实践活动，学生能够培养分析问题、解决问题和创新的能力。

3.培养学生的合作能力

素养本位教学鼓励学生之间的合作学习和交流。在化学教学中，学生可以通过小组合作、讨论和分享，共同完成实验和项目。在合作中，学生可以相互促进、共同解决问题，培养合作意识和团队精神。此外，学生之间的交流和分享，也有助于丰富彼此的知识和思维方式，促进个体的学习和发展。

4.注重学生的实践能力

素养本位教学强调学生的实践能力，实践能力在化学教学中也同样重要。

学生可以通过实验操作、观察和记录，亲自体验和探究化学现象和实际问题。通过实践活动，学生能够更加深入地理解和应用化学原理，培养实验设计和数据分析的能力。同时，实践中的实验失误和问题也可以让学生学会面对困难和提升解决问题的能力。

（二）如何注重学生个性发展

1.充分了解学生的个性差异

注重学生个性发展，首先要充分了解学生的个体差异，包括学习能力、兴趣和学习风格等方面。教师可以通过个体化的调查问卷、学习观察和谈话等方式，了解学生的学习特点和需求，为个性化的教学提供依据。

2.设计个性化的学习任务和活动

根据学生的个体差异，教师可以设计不同难度、深度和方式的学习任务和活动。对于高能力学生，可以提供其更复杂和更有挑战性的活动，如开展研究性学习。对于低能力学生，可以提供其更简单和明晰的学习指导和支持，如提供详细的步骤和范例。同时，教师还可以根据学生的兴趣和学习风格，提供多元化的学习资源和选择，满足学生个性化的学习需求。

3.提供个体化的学习支持和指导

个性化的学习支持和指导对于学生的个性发展至关重要。教师可以通过个别辅导、小组讨论和反馈等方式，给予学生个体化的指导和支持，帮助学生克服学习困难和提高学习效果。在学习指导和支持中，教师要关注学生的学习风格和需要，灵活调整教学策略和方法，培养学生的自主学习和探究能力。

4.提供多元化的学习评价

学生个性发展的评价应该是多元化的，要注重综合素质和能力的评价。教师可以采用多种评价方式，如作业评价、实验报告评价、项目展示评价等，来关注学生的多方面表现和进步。此外，教师还可以鼓励学生进行自我评价和互评，在评价中注重学生的自我反思和发展。

综上所述，素养本位教学对于化学教学有着重要的意义。注重学生个性发展，可以激发学生的学习热情和主动性，培养学生的综合能力和创新意识。通过了解学生的个体差异，设计个性化的学习任务和活动，提供个体化的学习支持和指导，以及多元化的学习评价，可以更好地实施素养本位教学，促进学生的个性发展和成功。

## 二、培养科学素养

素养本位教学是一种以培养学生综合素质和科学素养为目标的教学模式，在化学教学中具有重要的意义。化学学科作为一门实践性很强的学科，旨在培养学生对物质的认识和理解，以及科学思维和解决问题的能力。下面将具体介绍素养本位教学在化学教学中的意义，并探讨如何培养学生的科学素养。

（一）素养本位教学在化学教学中的意义

1.培养科学思维和解决问题的能力

素养本位教学注重培养学生的科学思维，使学生能够运用所学知识解决实际问题。在化学教学中，教师可以引导学生进行科学探究，将化学知识与实际生活相结合。例如，通过实际例子和实验，学生可以观察、测试和分析现象，进而理解和应用化学原理。通过这样的实践活动，能够培养学生分析问题、解决问题和创新的能力。

2.培养学生的实践能力

素养本位教学强调学生的实践能力，实践能力在化学教学中同样重要。学生可以通过实验操作、观察和记录，亲自体验和探究化学现象和实际问题。通过实践活动，学生能够更深入地理解和应用化学原理，培养实验设计和数据分析的能力。同时，实践中的实验失误和问题也可以让学生学会面对困难和解决问题的能力。

3.培养学生的合作能力

素养本位教学鼓励学生之间的合作学习和交流。在化学教学中，学生可以通过小组合作、讨论和分享，共同完成实验和项目。在合作中，学生可以相互促进、共同解决问题，培养合作意识和团队精神。此外，学生之间的交流和分享，也有助于丰富彼此的知识和思维方式，促进个体的学习和发展。

4.培养学生的批判思维和创新能力

素养本位教学强调培养学生的批判思维和创新能力，它们在化学教学中同样重要。学生可以通过对实验结果和问题的分析和讨论，培养批判思维和科学推理的能力。同时，教师可以鼓励学生提出自己的想法和观点，进行科学探究和实验设计，培养学生创新意识和能力。

（二）如何培养学生的科学素养

1.引导学生进行科学探究

化学教学应该注重培养学生的科学探究能力。教师可以通过提供问题、设计实验和观察现象等方式，引导学生进行科学探究。在探究中，学生可以主动提出假设、进行实验操作和数据分析，从而深入理解和应用化学知识。

2.提供多样化的学习资源

为了培养学生的科学素养，教师应该提供多样化的学习资源，可以利用文献、实验视频、科学网站等资源，丰富学生的学习内容和途径。同时，教师也可以引导学生进行科学实验和观察，从而积累实践经验和掌握实验技能。

3.鼓励学生进行创新和项目实践

为了培养学生的创新能力和科学素养，教师可以鼓励学生进行创新和项目实践，可以通过课程设计、科研项目等方式，激发学生的创新潜能和科学探究的兴趣。同时，在实践中，教师可以提供指导和支持，帮助学生克服困难，培养学生解决问题的能力。

4.运用评价促进学生的科学素养

评价是培养学生科学素养的重要手段。教师可以设计各种形式的评价活动，如实验报告、小组讨论、科学展示等。通过评价，可以了解学生的学习情况和进步，并针对性地提供反馈和指导，促进学生的学习成果和发展。

综上所述，素养本位教学对于化学教学有着重要的意义。注重培养学生的科学思维、实践能力、合作能力和创新能力，可以提高学生的科学素养和技能。通过引导学生进行科学探究、提供多样化的学习资源、鼓励学生进行创新和项目实践，以及运用评价促进学生科学素养的提升，可以更好地实施素养本位教学，促进学生的综合素质和科学素养的全面发展。

## 三、培养综合素养

素养本位教学是一种以培养学生综合素养为核心的教学模式，它不仅强调学科知识的传授，还注重培养学生的学习能力、创新思维、批判思维等综合素养。在化学教学中，素养本位教学具有重要的意义，可以促进学生综合素养的全面提升。

首先，素养本位教学能够激发学生对化学学科的兴趣。传统的教学方法往往以知识的传授为重，而忽略了学生的主体性和兴趣。而素养本位教学强调学生的参与性和动手能力，通过实际操作和实践活动培养学生对化学的实际应用能力，增加学生对化学学科的兴趣，激发学习的积极性。

其次，素养本位教学能够提高学生的学习能力。化学学科的学习需要掌握一定的专业知识和实验技能，而传统的教学往往只注重知识的灌输，忽略了对学生学习能力的培养。素养本位教学通过培养学生的探究能力、合作能力和创新能力，促使学生主动参与学习过程，提高他们的自主学习和解决问题的能力。

再次，素养本位教学能够培养学生的创新思维和批判思维。化学学科是一门涉及实验和实践的学科，它需要学生具备创新和批判的思维方式。素养本位教学注重培养学生的实验设计能力和探究精神，鼓励学生质疑和思考，培养学生的创新思维和批判思维，使他们具备独立思考和解决实际问题的能力。

此外，素养本位教学还能够培养学生的科学素养。科学素养是指学生了解科学方法、掌握科学知识、具备科学思维能力的综合能力。素养本位教学通过实际操作和实践活动，使学生亲身参与科学实验，体验科学研究的过程，培养学生的科学观察、科学实验和科学推理能力，从而提高学生的科学素养。

最后，素养本位教学还能够促进学生综合素养的提高。综合素养是指学生在思维能力、情感态度、社会交往能力等多个方面的综合发展。素养本位教学注重培养学生的综合素养，通过启发学生的思维、培养学生的情感态度、提高学生的交往能力，使学生在多个方面得到全面发展。

综上所述，素养本位教学在化学教学中具有重要的意义。它能够激发学生对化学学科的兴趣，提高学生的学习能力，培养学生的创新思维和批判思维，促进学生的科学素养的发展，同时也能够促进学生综合素养的提高。因此，我们应该在化学教学中更加注重素养本位教学，为学生的学习和发展提供更好的支持和指导。

## 第三节 素养本位教学在化学教学中的具体应用

### 一、知识与技能的整合

素养本位教学是一种注重培养学生综合素质的教学方法，旨在促进学生的学科知识、思维能力、实践能力和价值观等各个方面的综合发展。在高中化学教学中，素养本位教学可以通过知识与技能的整合来实现。

（一）引入探究性实验和化学实践活动

通过开展探究性实验和化学实践活动，可以培养学生的实验设计能力，观察、推理和解释现象的能力，激发学生对化学的兴趣。在这个过程中，学生需要综合运用所学的化学知识，并发展实验技能和科学探究能力。

在探究性实验中，学生需要通过观察实验现象、分析数据和结果，运用化学理论知识进行解释和推理。通过这样的实践活动，学生不仅能够加深对化学原理的理解，还能够培养解决问题和创新思维的能力。

（二）强调跨学科的联系

化学作为一门与其他学科密切相关的学科，与生物学、物理学、地理学等学科有着紧密的联系。素养本位教学可以通过强调化学与其他学科的联系，让学生了解化学的应用领域和与其他学科的交叉点，培养学生综合素养。

例如，在学习有机化学的同时，可以引入生物学中的有机物合成过程，让学生了解生物体内的化学反应和有机物的功能。在学习化学反应速率时，可以与物理学中的反应速率和化学动力学进行对比，加深学生对反应速率的认识。

通过这样的跨学科联系，学生能够更加全面地理解化学概念，同时也能够培养他们整合不同学科知识的能力。

（三）培养科学研究能力

素养本位教学强调培养学生的科学研究能力，通过引导学生进行科学探究、撰写研究报告和学术论文等活动，培养学生的科学研究能力和科学写作能力。

在高中化学教学中，可以设置科学研究项目，让学生自主选择研究方向，并进行相应的实验和观测。学生需要根据自己的研究课题，制定实验方案、收集数据、进行数据分析和结果解释，最终撰写科学研究报告。

通过这样的科学研究活动，学生能够深入了解化学的研究方法和思维模式，培养他们的科学研究能力和创新思维能力。

（四）引导学生自主学习

素养本位教学注重培养学生的自主学习能力，通过提供学习资源和引导学生利用互联网查找和分析相关化学信息，培养学生的自主学习和信息处理能力。

在高中化学教学中，可以鼓励学生利用图书馆、网络等资源进行自主学习，学生可以选择自己感兴趣的化学领域进行深入学习。同时，可以组织学生进行文献研究和撰写科研报告，让学生了解如何搜索和分析相关化学信息，培养他们的信息处理和学术写作能力。

通过这样的自主学习活动，能够培养学生掌握知识的能力，提高他们的自主学习和问题解决能力。

（五）培养创新思维与实践能力

素养本位教学强调培养学生的创新思维和实践能力，通过鼓励学生提出自己的问题、寻找设计实验和解决问题的方法，培养学生的创新思维和实践能力。

在高中化学教学中，教师可以给学生提供一个开放性的实验设计任务，让学生自主设计实验方案，并解决实验过程中的问题。这样的实践活动能够培养学生的创新思维和动手实践能力。

同时，可以组织学生参加化学竞赛和科技创新项目，让学生将所学的化学知识应用于实践中，并锻炼他们解决实际问题的能力。

通过这样的创新思维和实践能力培养，能够培养学生解决问题的能力和创新意识。

（六）发展批判性思维能力

素养本位教学强调培养学生的批判性思维能力，通过引导学生分析化学实验的数据和结果，让学生了解科学方法的局限性，培养学生的批判性思维和科学态度。

在高中化学教学中，可以对一些经典实验进行讨论和分析，让学生了解实验过程中存在的误差和不确定性，引导学生思考实验数据的可靠性。同时，也可以让学生通过讨论和辩论来评价不同实验方法和结果，培养学生的批判性思维和科学精神。

通过这样的批判性思维培养，能够培养学生分析和评估信息的能力，提高他们的批判性思维和问题解决能力。

（七）强调团队合作与社交能力

素养本位教学强调培养学生的团队合作和社交能力，通过鼓励学生进行小组实验和项目合作，培养学生的团队合作和沟通交流能力。

在高中化学教学中，教师可以组织学生进行小组实验，让学生在小组中分工合作、相互协作，并共同解决实验中遇到的问题。同时，可以组织学生开展团队研究项目，让学生互相合作、分享经验，并展示团队的成果。

通过这样的团队合作和社交能力培养，能够培养学生协作和沟通能力，提高他们的团队合作和社交技巧。

（八）重视学生的情感态度

素养本位教学注重培养学生对化学科学的价值观和情感态度，让学生了解化学对社会、环境和生命的重要性，培养学生的环境意识和责任心。

在高中化学教学中，教师可以引入一些涉及社会问题和环境问题的化学实例，让学生思考化学与社会、环境的关系。可以组织学生进行社区服务活动，让学生将所学的化学知识应用于实践中，并关注环境保护和可持续发展的问题。

通过这样的情感态度培养，能够培养学生对化学科学的热爱和责任感，增强他们的环境意识和社会责任感。

总结起来，素养本位教学在高中化学教学中的具体应用涉及知识与技能的整合。通过引入探究性实验和化学实践活动，强调跨学科的联系，培养科学研究能力，引导学生自主学习，培养创新思维与实践能力，发展批判性思维能力，强调团队合作与社交能力，重视学生的情感态度，可以培养学生的学科知识和综合素质，为他们未来的学习和职业生涯打下坚实的基础。

## 二、实践活动的开展

（一）化学实验设计与操作

设计实验方案。学生根据教师的要求和自己的研究目的，设计化学实验的步骤、变量和控制措施等。

实验操作。学生亲自进行实验操作，掌握化学实验的基本技能，能培养其实验的观察力、记录能力和数据分析能力。

（二）课堂讨论与小组合作

组织学生小组讨论。教师出示一个化学问题，学生在小组内讨论并提出解决问题的思路和策略。

利用实例引导学生思考。教师利用化学现象或实例来激发学生对化学原理的兴趣，并通过讨论的方式引导学生进行思考和分析。

（三）实践性教学活动

化学实验设计。教师可以组织学生自主设计一个化学实验，培养学生独立思考、创新设计的能力。

科研项目设计。教师引导学生选择一个化学方向的科研项目，进行项目设计、实施和结果分析，培养学生的科研能力和科学精神。

（四）实践报告和展示活动

编写实践报告。学生根据进行的实践活动，编写实践报告，包括实验目的、实验步骤、实验结果和结论等。

展示活动。学生向其他同学展示自己的实践成果，分享实践经验和体会，培养学生的沟通表达能力和合作能力。

（五）多媒体与信息技术辅助教学

利用多媒体。教师利用多媒体技术展示化学实验过程和实验结果，增强学生对实验的理解和记忆。

利用信息技术。教师引导学生使用信息技术资源，搜索和获取与化学相关的信息，拓宽化学知识视野。

（六）站立式讲解与案例分析

站立式讲解。教师可以尝试站立讲解，增加互动性和生动性，吸引学生的注意力，提高教学效果。

案例分析。教师可以向学生提供一个有关化学的真实案例，让学生分析并提出解决方案，培养学生的综合运用能力。

（七）实地考察与科研实践

实地考察。教师组织学生参观化学实验室、化工企业或科研机构，让学生亲身体验化学领域的实际应用和科研环境。

科研实践。教师引导学生参与小型科研项目，进行实际的科学研究，提高学生的实践能力和创新能力。

素养本位教学在高中化学教学中的具体应用实践活动包括化学实验设计与操作、课堂讨论与小组合作、实践性教学活动、实践报告和展示活动、多媒体与信息技术辅助教学、站立式讲解与案例分析、实地考察与科研实践等。这些实践活动将有助于提高学生的实验能力、思维能力、问题解决能力、动手能力、创新意识、沟通表达能力和合作能力，培养学生的综合素质和创新能力，促进高中化学教育的全面发展和素质教育的实施。

## 三、跨学科融合

随着时代的发展和教育改革的推进，高中教育越来越注重培养学生的综合素养和实践能力。素养本位教学作为一种新的教育理念，强调以学生为中心，注重培养学生的核心素养和跨学科能力。在高中化学教学中，素养本位教学可以与其他学科融合，实现跨学科教学的目标。下面将具体介绍素养本位教学在高中化学教学中的具体跨学科融合的应用。

（一）化学与物理的融合

化学与物理是密不可分的两门学科，在化学教学中，可以借助物理的理论和实验，加深学生对化学现象和化学原理的理解。比如，在化学实验中，可以引入物理实验的原理和技巧，帮助学生更好地进行实验操作和数据分析；在化学反应的原理上，可以结合物理的原子结构和能量转化等概念，加深学生对于反应机理和能量变化的理解。

（二）化学与生物的融合

化学与生物也有着密切的联系，特别是在生物有机化学和生物分子结构上。通过将生物领域的实例和案例引入化学教学，帮助学生更好地理解化学原理在生物领域中的应用。例如，通过生物大分子的结构与功能的讲解，深入理解有机化学的分子结构与生物功能之间的关系。

（三）化学与地理的融合

化学与地理也有着紧密的联系，地理中的环境问题和地球化学中的物质循环都与化学领域有关。通过将地理领域的环境问题引入化学教学，可以培养学生的环境意识和环境保护意识。例如，讲解空气和水污染的化学成因，引导学生思考环境污染的原因和解决方法。

（四）化学与数学的融合

化学与数学在计算和数据分析方面密切相关，在化学教学中可以引入数学的计算方法和统计分析方法，提高学生的计算能力和数据分析能力。比如，在化学实验中可以引入数学的计算方法，帮助学生进行实验数据的处理和分析；在化学反应速率的测定中，可以借助数学的计算方法，推导反应速率与浓度的关系等。

（五）化学与语文的融合

化学领域的知识内容较为复杂，需要学生具备良好的语文表达能力和文字理解能力。在化学教学中，可以借助语文的阅读理解和写作能力，帮助学生理解和掌握化学知识。例如，教师可以引导学生阅读科学文献，学习科学写作的方法和技巧，提高学生的科学文献阅读和科技写作能力。

（六）化学与艺术的融合

化学在艺术领域也有着独特的贡献，比如，在染料和颜料的研究中，化学的原理和应用对于艺术创作具有重要影响。通过将艺术领域的实例和案例引入化学教学，可以激发学生对于化学的兴趣和创新能力。

以上是素养本位教学在高中化学教学中的具体应用跨学科融合的一些示例，通过跨学科的融合，可以帮助学生全面理解化学知识，培养学生的综合素养和跨学科能力，促进学生的综合发展。

## 四、培养科学思维

随着时代的发展和教育改革的推进，高中教育越来越注重培养学生的科学思维和创新能力。素养本位教学作为一种新的教育理念，强调以学生为中心，注重培养学生的科学思维和解决问题的能力。在高中化学教学中，素养本位教学可以通过一系列的教学方法和活动，培养学生的科学思维。下面将具体介绍素养本位教学在高中化学教学中的具体应用。

（一）培养观察与实验的能力

观察和实验是化学学科的基础，培养学生的观察和实验的能力是培养科学思维的重要途径。在化学教学中，可以通过设计一系列的观察实验活动，引导学生准确观察和记录实验现象，并提出合理的解释和假设。同时，教师还可以引导学生分析实验数据，总结实验规律，培养学生的实验设计和数据处理能力，提高学生的科学思维水平。

（二）培养问题意识和探究精神

问题意识和探究精神是科学思维的重要组成部分。在化学教学中，教师可以通过提出引导性问题，激发学生的思考，培养学生的问题意识和探究精神。同时，教师还可以组织学生进行小组合作探究活动，通过实际操作和讨论，引导学生自主发现问题，并提出解决问题的方案，培养学生的科学思维和创新能力。

（三）培养综合分析和综合评价的能力

化学学科涉及到很多的概念和理论，培养学生综合分析和综合评价的能力是培养科学思维的关键。在化学教学中，教师可以通过提供一些复杂的实例和案例，让学生分析问题背后的原理和关系，来培养学生的综合分析能力。同时，教师还可以通过提供一系列的综合评价题目，让学生运用所学的知识进行解答，培养学生的综合应用能力，提高学生的科学思维水平。

（四）培养科学推理和科学判断的能力

科学推理和科学判断是科学思维的重要方面。在化学教学中，可以通过提供一系列的问题和情景，引导学生进行科学推理和科学判断，培养学生的逻辑思维和推理能力。同时，教师还可以组织学生进行科学探究活动，让学生通过实际操作和观察，进行科学推理和科学判断，培养学生的科学思维和创新能力。

（五）培养科学沟通和科学合作的能力

科学沟通和科学合作是科学思维的重要环节。在化学教学中，教师可以通过引导学生进行小组合作学习，让学生在小组中进行问题讨论和交流，从而培养学生的科学沟通能力。同时，教师还可以引导学生参与科学实验设计和研究项目，培养学生的科学合作和创新能力，提高学生的科学思维水平。

总之，通过素养本位教学在高中化学教学中的具体应用，可以有效培养学生的科学思维，提高学生的实践能力和解决问题的能力，为学生的综合发展打下良好的基础。

## 第四节　素养本位教学在化学教学中的实践经验分享

### 一、评价学生的学习过程和成果

素养本位教学是一种注重培养学生素养和能力的教学模式，强调学生的学习过程和成果的评价与反馈，使学生能够全面发展。在高中化学教学中，素养本位教学的评价与反馈对学生的学习过程和成果起到了重要的促进作用。

（一）评价学生的学习过程

强调主动参与。在素养本位教学中，学生被鼓励主动参与学习，通过讨论、实验和探究等方式来提高学习效果。评价学生的学习过程应注重对学生主动参与的程度进行评价，例如评估学生在课堂上的提问、回答问题和与同学的互动情况，以及课后的学习笔记和思考能力，来衡量学生对化学知识的理解和应用程度。

注重实践能力。化学是一门实践性很强的科学学科，学生的实践能力的培养是非常重要的。评价学生的学习过程中，可以考察学生在实验、观察、操作、数据处理和实验报告撰写等方面的表现，以及在分析和解决化学问题时的创新思维和实践能力。评价可以通过实验报告评分、实验操作技能考核、实验过程记录等方式进行。

培养合作意识。素养本位教学强调学生之间的合作与团队精神，培养学生与他人合作解决问题的能力。评价学生的学习过程中，除了个人表现外，还要观察学生在小组合作中的贡献。例如，评估小组成员在协作中的沟通和合作能力、分工和角色承担等，既可以通过观察和访谈进行，也可以通过小组项目的成果和质量来评价。

（二）评价学生的学习成果

知识掌握程度。学习成果的评价是对学生化学核心知识掌握程度的评估。评价可以通过考试、作业和测验等形式进行，主要检测学生对基本理论、原理和应用的理解和掌握程度。此外，还可以通过开放型问题或操作题来评估学生在实践应用中的掌握程度。

问题解决能力。化学学科需要学生具备解决问题的能力。评价学生的学习成果应重点对学生解决化学问题的能力进行考察。例如，在考试或作业中设置一些综合性的问题，需要学生运用化学知识进行分析、推理和解决。此外，还可以通过项目作业的评价，考察学生应用化学知识解决实际问题的能力。

培养创新思维。评价学生的学习成果还应注重培养学生的创新思维能力。通过开展创新项目、设计性实验等形式，评估学生的创新成果。评价重点在于学生灵活运用化学知识、解决化学问题的创新性思维，以及创造性地设计实验和解释实验结果的能力。

## 二、反馈学生的学习情况和改进建议

素养本位教学是一种注重培养学生素养和能力的教学模式，强调学生的学习情况和改进建议的反馈。在高中化学教学中，素养本位教学的评价与反馈对学生的学习情况和改进起到重要的促进作用。

（一）反馈学生的学习情况

了解学生的学习态度。通过评价学生的学习情况，可以了解学生的学习态度和学习动力。例如，观察学生的参与度、主动性和积极性，以及学生在课堂上的表现和互动情况，从中了解学生对化学学习的态度和兴趣程度。

分析学生成绩。学习成绩是了解学生学习情况的重要指标。通过评价学生的学习情况，可以分析学生成绩的优势和不足，帮助学生了解自己的学习水平和问题所在。例如，对学生的考试成绩、课堂作业得分进行分析，找出学生在化学学习中的薄弱环节和需要改进的地方。

考察学生的实践能力。化学是一门实践性很强的科学学科，对学生的实践能力的培养是非常重要的。通过评价学生的学习情况，可以考察学生在实验、观察、操作、数据处理和实验报告撰写等方面的表现，在实践能力方面的优势和不足，以及需要加强的方面。

（二）给出改进建议

针对学生的不足给予个性化指导。根据对学生学习情况的评价，给予学生相应的改进建议。针对学生在化学学习中的薄弱环节，提供针对性的学习资料和练习，以帮助学生弥补不足，提高学习效果。同时，还可以通过个性化的辅导和指导，帮助学生解决学习上的困惑和问题。

提供学习策略和方法。针对学生的学习情况，给予相应的学习策略和方法建议。例如，对于成绩优秀但学习方法不合理的学生，可以引导学生更加系统地学习和复习，提高学习的高效性。对于学习困难的学生，可以提供相应的学习技巧和方法，帮助他们克服学习困难。

培养学生的自主学习能力。除了给予改进建议，还应鼓励学生培养自主学习能力。通过激发学生的学习兴趣和动力，鼓励学生主动学习，培养学生自主学习的能力和习惯。可以引导学生制定学习计划、提供阅读材料和资源，让学生独立思考和解决问题，从而提高学生的自主学习能力。

1.素养本位教学的优势

强调个性化的评价与反馈。素养本位教学的评价与反馈注重个体差异，针对学生的具体情况进行评价和指导，能够帮助学生更好地发现和发展自己的优势，并给予相应的改进建议。

提供全面的学习支持与指导。通过评价学生的学习情况，可以及时了解学生的学习困难和问题，并给予相应的学习支持和指导，帮助学生更好地克服困难，提高学习效果。

2.素养本位教学的局限性

评价标准主观性。素养本位教学的评价和反馈过程中，容易受到主观因素的影响，评价标准的制定和评价结果的准确性可能受到一定的影响。

学生个体差异。学生的学习差异较大，素养本位教学的评价与反馈难以做到完全个性化，评价结果可能不够精准。

综上所述，素养本位教学在高中化学教学中的评价与反馈，能够帮助教师了解学生的学习情况和问题所在，并提供相应的改进建议。通过个性化的指导和支持，可以帮助学生更好地发展自己的潜力和优势，提高学习效果。然而，在实施素养本位教学的评价与反馈时，需要注意评价的客观性和学生个体差异，以及评价结果的准确性和有效性。只有科学合理地进行评价与反馈，才能更好地促进学生的学习进步和发展。

## 三、评价和反馈的方法和工具

素养本位教学在高中化学教学中的评价与反馈是基于学生的素养和能力发展的，需要适用于化学学科的特点和教学目标。

### （一）评价方法

课堂观察法。教师可以通过观察学生的学习情况、参与度和学习态度等来评价学生的学习情况。例如，观察学生在课堂上的发言、提问、合作等行为，了解学生对化学知识的理解和应用。

学生自评法。让学生自主进行学习情况的评价，通过让学生进行自我评价，可以激发学生思考和反思，提高学生对自己学习情况的认识。例如，让学生写一篇学习日志，总结自己的学习情况和进行反思。

学习成果评价法。通过评价学生的学习成果，可以了解学生在化学知识、实践能力和解决问题能力等方面的表现。例如，通过阅读学生的实验报告、解析题答案等，了解学生的学习水平和问题所在。

### （二）评价工具

问卷调查。可以通过问卷调查的方式，了解学生对化学教学效果的评价和反馈。例如，设计一份针对化学学习的问卷，询问学生对课堂教学、实验内容、教材等方面的评价和建议。

学生作品的收集与展示。通过收集学生的作品，如实验报告、项目作业、研究性学习成果等，可以评价学生在化学学习方面的表现和能力发展。例如，展示学生的实验报告和解析题答案，鼓励学生分享自己的学习经验和成果。

学习的总结与反思。通过要求学生写学习的总结和反思，可以评价学生的学习情况和能力发展。例如，让学生写一篇学期总结，总结自己的学习成果和反思不足之处。

以上是常见的评价方法和工具，可以根据具体教学情境和教学目标进行选择和组合，以实现对学生学习情况的评价和反馈。

在评价和反馈过程中，还需要注意以下几点：

1.针对性。评价应与教学目标相对应，关注学生的学习过程、学习行为和学习结果。要注重学生的素养发展和能力培养，而不仅仅注重知识掌握和成绩。

2.及时性。应及时给予评价和反馈，以帮助学生在学习中发现问题和改进。及时的反馈可以提高学生的学习效果和积极性。

3.公正性。评价和反馈应公正客观，采用科学、合理和标准化的评价方式和工具，避免主观和偏见。

## 四、鼓励积极参与和反馈机制的建立

### （一）评价与反馈的理念

素养本位教学强调以学生的素养发展为中心，关注学生的能力培养和综合素质的提高。在化学教学中，评价和反馈应从知识掌握、实践能力和解决问题能力等维度进行综合评价。评价和反馈的目的不仅是为了给学生以准确的学习反馈，还能促使学生积极参与课堂活动、主动思考和表达，在实践中提高自己的综合能力。

### （二）鼓励积极参与

提供多样化的学习活动。在化学教学中，可以通过多样化的学习活动来激发学生的兴趣和积极性，使学生主动参与。例如，在实验教学中，设计有趣的实验活动，鼓励学生动手操作和实践；在讲述知识点时，结合生活实例和实际应用，引发学生的思考和讨论。

创设合作学习环境。合作学习可以促进学生的互动和合作，提高学生的参与度。可以组织学生进行小组讨论、合作实验和小队竞赛等活动，让学生在合作中相互促进和学习。

鼓励自主学习和学习探究。给学生提供学习的自主性和探究性是促使学生积极参与的关键。可以引导学生进行独立思考和自主学习，鼓励学生提出问题、寻找答案和解决问题的能力。

（三）反馈机制的建立

及时反馈。在学习过程中，及时给予学生反馈是促进学生积极参与的重要环节。教师可以通过课堂观察、作品展示、个别指导等途径，及时了解学生的学习情况，并及时反馈给学生。及时的反馈可以让学生及时知晓自己的学习情况，发现自己的问题，及时进行调整和改进。

个性化反馈。学生的个体差异是不可忽视的，为了更好地促进学生的学习，反馈应考虑学生的个性和需求。教师可以针对学生不同的学习需求，提供个性化的反馈。例如，通过与学生的交流和沟通，了解学生的学习方式和困难，针对性地给予指导和建议。

鼓励学生之间的互相反馈。建立学生之间的互相反馈机制，可以促使学生在学习中互相成长和帮助。例如，可以鼓励学生互相交流和评价作品、答案等，让学生在互相评价和反馈中提高自己的学习水平和能力。

通过鼓励学生积极参与和建立良好的反馈机制，可以激发学生的学习兴趣和动力，增强学生学习的主动性和自主性。在化学教学中，评价与反馈的过程应该以学生的学习为中心，注重学生的经验积累和能力发展，通过评价和反馈促使学生在学习中不断进步。

## 第五节　素养本位教学的挑战与解决策略

### 一、学生素养的差异性

学生素养的差异性是素养本位教学所面临的挑战之一。不同学生在学习能力、学习动机、学习风格等方面存在较大的差异，如何针对这些差异性，实现素养本位教学的效果，是需要教师重视和解决的问题。

（一）差异化教学

差异化教学是根据学生的不同差异，提供相应的教学策略和措施，以满足每个学生的学习需求。以下是几种有效的差异化教学方法。

1.分层教学。根据学生的学习能力和兴趣，将学生分为不同的层次，给予相应的教学内容和任务。强化学生的个人发展，提供适应不同层次学生的学习资源和学习机会。

2.群组合作学习。将学生分组，组内成员互相合作、交流和学习，通过小组合作的方式培养学生的合作意识和团队精神。同时，教师也可以根据学生的差异性，调整组员的构成，使每个小组的成员之间互补，激发学生间的互助学习。

3.运用多种教学方法和教学资源。教师可以选择不同的教学方法，如讲授、讨论、探究、实践等，结合学生的差异性，采用相应的教学资源和辅助材料，增加教学的多样性和趣味性，提高学生的学习积极性。

4.提供个别辅导和关注。教师通过与学生的个别对话、辅导和指导，了解学生的学习困难和需求，针对性地给予帮助和关注。对于学习进步较慢的学生，可以提供额外的辅导和指导，帮助他们逐步提高学习能力。

（二）个性化指导

个性化指导是针对学生个体的需求和特点，提供个性化的学习方案和指导措施。以下是几种个性化指导的方法。

1.学习目标的设定。与学生一起制定个性化的学习目标和计划，根据学生的兴趣和需求，确定符合他们个体差异的学习内容和学习方式。

2.学习风格的调整。了解学生的学习偏好和学习风格，根据其个体差异，调整教学方法和教学策略，让学习更贴近他们的需求和背景。

3.鼓励自主学习。培养学生的自主学习意识和能力，给予他们更多的学习自主权，让他们参与学习过程的决策和规划，增强学习的主动性和积极性。

4.激发学生的兴趣。通过创设有趣的学习环境和情境，调动学生学习的积极性和主动性。教师可以根据学生的兴趣和爱好，进行相关主题的教学设计，使学习内容更加符合学生的个体需求。

## 二、评价和反馈的客观性与准确性

素养本位教学的挑战之一是评价和反馈的客观性与准确性。在素养本位教学中，评价和反馈是一个重要的环节，能够帮助学生了解自己的学习情况和进步。但由于学生素养的差异性，评价和反馈往往面临一些难题，例如评价的主观性和准确性问题。

（一）评价标准的建立

评价标准的建立是评价和反馈的基础。以下是几种提高评价标准客观性和准确性的方法。

1.制定明确的评价指标。根据素养本位教学的目标和要求，制定明确的评价指标，将学生的素养目标细化为可以被观测和测量的具体行为和能力。评价指标应具备可量化、可操作、可观察和可比较的特点，便于教师对学生的学习情况进行客观和准确地衡量。

2.细化评价等级和描述方式。在评价标准中设置不同的等级和描述方式，对不同水平的学生进行区分和评价。评价等级和描述方式应具有一定的可量化性，基于学生实际表现的事实和证据，避免主观评价和片面评价。

3.参考专家意见和行业标准。参考相关领域的专家意见和行业标准，了解业界对于该领域素养的认可和要求。通过借鉴已有的评价标准和指南，提高评价标准的客观性和准确性。

（二）多元化评价方式

多元化的评价方式可以提供更全面和客观的评价和反馈。以下是几种多元化评价方式的方法。

1.综合性评价。除了传统的考试和测验，教师还可以采用其他形式的评价方式，如项目评价、作品评价、观察记录等。综合不同评价方式的结果，得出更全面和客观的评价。

2.同行评价和自评。引入同行评价和自评，使学生参与评价过程，通过互相观察和交流，提供对他人和自身的客观反馈。同时，同行评价和自评可以培养学生的评价和反思能力，促进他们的自主学习。

3.口头评价和书面反馈。教师可以通过与学生的交流和对话，实时地对学生的学习进行评价和反馈。同时，提供书面反馈，记录学生的学习情况和进展，更加准确和客观地反映学生的素养发展情况。

（三）专业发展和反思

教师的专业发展和反思是提高评价和反馈的客观性与准确性的重要途径。以下是几种专业发展和反思的方法。

1.提升评价技能。教师应不断提升评价技能，包括如何制定评价标准和指标，如何采用多元化的评价方式，如何准确和客观地评价学生的学习情况等。通过培训和研讨会，与同行交流和分享，不断完善评价技能。

2.发挥教师团队的作用。教师团队可以相互交流和学习，分享评价经验和策略，共同解决评价和反馈中的问题。教师团队可以形成相对一致的评价标准和方式，提高评价的客观性和准确性。

3.展开反思和调整。教师需要对自己的评价和反馈进行反思，思考是否存在主观评价和片面评价的情况。及时调整和改善评价方法和标准，确保评价和反馈的客观性和准确性。

## 三、教师教学素养的提升

素养本位教学是以培养学生素养为中心的教学理念。它要求教师具备高水平的教学素养，能够有效地引导学生全面发展。然而，由于素养本位教学的复杂性和多样性，教师在实践中面临着许多挑战。

首先，素养本位教学的挑战之一是教师在素养培养方面的不确定性。素养是一个较为抽象的概念，包括道德素养、学科素养、创新素养等多个方面。教师应该如何具体地培养学生的素养仍然不明确。为了解决这一挑战，教师应该加强对素养概念的学习和理解，通过参加研讨会、培训班等活动，提高自己对于素养本位教学的认识和理解。同时，教师还应该与其他教师进行交流和合作，共同探索培养学生素养的方法和策略。

其次，个性化教学也是素养本位教学的一个重要特点。每个学生都有自己独特的学习风格、兴趣爱好和学习困难等。教师需要针对每个学生的个性化需求进行教学设计和指导。然而，教师在实践中可能会因为班级规模大、时间有限等原因，难以满足每个学生的个性化需求。为了解决这一问题，教师可以运用信息技术手段，如网络课程、电子教材等，提供个性化学习资源和活动。此外，教师还可以通过小组合作学习、个别辅导等方式，更好地关注和指导学生的学习过程。

此外，素养本位教学还要求教师具备专业知识和教学技能。对于一些老师来说，他们的教学方法可能比较单一，缺乏多样性和创新性。为了提升教师的教学素养，教师应该注重教学方法的改进和创新。教师可以通过观摩优秀教师的课堂、参加教学研讨会等方式，学习和借鉴其他教师的教学经验和方法。同时，教师还应该注重教学反思和自我评估，及时发现和改进自己的不足之处。

另外，与学生的互动和反馈也对提升教师教学素养至关重要。教师应该与学生建立良好的师生关系，鼓励学生提出问题和表达观点。同时，教师还应该及时给予学生反馈和评价，帮助他们发现自己的问题和不足。此外，教师还可以开展课堂讨论和学生展示等活动，促进学生彼此之间的交流和合作。

## 四、学生参与度的提升

素养本位教学是一种以培养学生综合素质和核心素养为目标的教学方法，旨在培养学生的创造思维、批判性思维、沟通能力、合作精神和信息素养等。然而，在实施素养本位教学时，教师常常面临着挑战，其中之一就是如何转变学生的消极态度，提高他们的参与度。由于传统教学模式下师生关系比较单向，学生被动接受知识，他们可能对新的教学方式产生抵触情绪，对参与课堂活动持消极态度。针对这一挑战，教师可以采取以下策略来提高学生的参与度。

首先，教师应该尊重学生的个体差异，为学生提供多样化的参与方式。教师可以通过小组合作、个性化任务等活动，让学生以自己擅长的方式参与课堂活动。同时，教师还可以采用互动问答、讨论等方式，鼓励学生积极发言，表达自己的意见和观点。

其次，教师可以通过设立目标和奖励机制，激发学生的主动性。例如，在课堂中设立小组竞争或个人成就的目标，然后通过奖励的方式，激励学生积极参与课堂活动。这样不仅可以提高学生的积极性，还可以增加课堂的趣味性，激发学生的学习动力。

此外，教师可以通过引入新颖的教学工具和技术来吸引学生的注意力。例如，教师可以利用多媒体、互联网资源等技术工具，为学生呈现有趣、生动的课堂内容。通过创新的教学方式，激发学生的好奇心和求知欲，提高他们的学习兴趣，从而提高他们的参与度。

除了学生的消极态度，素养本位教学还可能面临学生参与度不均衡的挑战。在课堂中，有些学生积极参与，表现出色，而有些学生却较为被动，参与度较低。针对这一挑战，教师可以采取以下策略来提高学生的参与度，促进全体学生共同参与。

首先，教师可以建立一个支持性的学习环境，营造一个鼓励学生参与的氛围。教师可以通过引导学生尊重他人的观点，鼓励学生提出自己的问题和想法，培养学生的互动与合作能力。同时，教师还应该及时给予学生鼓励和肯定，激励他们积极参与课堂活动。

其次，教师可以采用灵活的教学策略，根据学生的不同需求和能力，提供个性化的学习支持。教师可以根据学生的兴趣和特长，设计个性化的任务和活动，激发学生的学习兴趣和积极性。同时，教师应该及时调整课堂节奏，给予学生足够的时间来理解和掌握知识，避免学生因难度过大或过小而失去参与的动力。

最后，教师可以鼓励学生间相互配合，互相学习和帮助。教师可以通过小组合作、互助小组等方式，鼓励学生之间建立合作关系，促进学生之间的互动和交流。通过组织学生之间的互动，不仅可以促进学生的参与度，还可以培养学生的团队合作精神和沟通能力。

## 第六节　素养本位教学在化学教学中的实践经验分享

### 一、设计具有挑战性的实验

素养本位教学是一种以培养学生核心素养和综合素质为目标的教育方法，

旨在培养学生的创造性思维、批判性思维、沟通能力和合作精神等。在高中化学教学中，素养本位教学也有着重要的意义。

首先，针对素养本位教学在高中化学教学中的实践经验，提出以下几点重要内容：

学习目标明确。在进行化学实验时，要明确实验的核心素养目标，如创新思维、科学精神、实验设计能力等。通过设定明确的目标，可以引导学生在实验中注重素养的提升，而不仅仅是简单地完成实验操作。

鼓励探究和批判性思维。在高中化学教学中，学生应该被鼓励提出问题和质疑，并进行科学性的探究。教师可以设计一些具有挑战性的实验，引导学生自主思考和发现问题，并通过实验数据和理论知识进行推理和解决问题。

促进合作学习。素养本位教学强调团体合作和交流，因此在高中化学教学中，教师可以设计一些合作性的实验课题，让学生分组合作完成实验，同时鼓励学生之间的互动和讨论，培养他们的沟通能力和合作精神。

培养实验技能。高中化学教学中，实验技能是学生核心素养的重要组成部分。教师应该注重培养学生的实验技能，让他们掌握基本的实验操作和仪器使用。同时，也可以鼓励学生进行实验设计，培养他们的自主性和创新性。

接下来，应设计一些具有挑战性的实验，以促进学生的兴趣和培养他们的素养水平。以下是一些例子。

光谱分析实验。学生可以使用光谱仪观测不同化学物质的吸收光谱，通过分析光谱图，确定化学物质的结构和性质。这个实验要求学生具备较高的实验技能和理论知识，并能将实验结果与化学理论进行结合。

化学反应动力学实验。学生可以测量某一化学反应速率与温度、浓度、催化剂等因素的关系，并通过数据处理和图表分析，揭示反应速率背后的化学原理。这个实验要求学生具备较高的实验设计能力和科学思维能力。

燃烧焓变的测定实验。学生可以通过测量燃烧物质前后的温度变化，计算燃烧焓变，并与理论值进行比较和讨论。这个实验要求学生熟练掌握实验操作和数据处理方法，并能将实验结果与热化学知识相结合。

酸碱滴定与指示剂选择实验。学生可以使用不同的酸碱指示剂进行酸碱滴定，观察指示剂颜色的变化，并研究不同指示剂对滴定结果的影响。这个实验要求学生具备较高的实验技能和理论知识，并能分析实验结果与酸碱滴定原理之间的关系。

这些实验具有一定的难度和挑战性，可以促使学生进行创新性的思考和探究。通过这些实验的操作，不仅可以培养学生科学思维和实验技能，还可以提高他们的创新能力和科学素养水平。

## 二、引导学生提出问题

素养本位教学是以培养学生核心素养和综合素质为目标的教育方法。在高中化学教学中，素养本位教学不仅要注重学生的知识和实验技能的培养，更重要的是培养学生的创新思维、批判性思维和问题解决能力。

首先，让学生学会提问是素养本位教学的重要任务之一。在化学教学中，教师可以通过以下方法来引导学生提出问题。

提供情境。在教学过程中，教师可以通过设计一些引人入胜的实验或问题情境，激发学生的兴趣和好奇心。比如，通过一个化学反应实验引发学生思考为什么反应会发生，反应的速率受何影响等问题。这样的情境可以激发学生提出问题的动力。

引导思考。在介绍化学知识时，教师可以提出一些引导性问题，激发学生的思考。比如，介绍酸碱中和反应时，可以问学生，为什么酸和碱反应会产生水和盐？酸碱中和反应的准则是什么？这些问题可以引导学生思考化学现象背后的原理和规律。

鼓励质疑。教师应该鼓励学生提出问题和疑问，并给予积极的回应和支持。如果学生提出一个有趣的问题，教师可以引导他们进行讨论和探究，以激发他们的思维和创新能力。

其次，教师在素养本位教学中的角色非常重要。教师不仅要具备扎实的化学知识和丰富的教学经验，更要充当学生学习的指导者和促进者。以下是教师在引导学生提出问题方面所扮演的角色和使用的方法：

了解学生。教师应该了解学生的兴趣和学习特点，通过多样化的教学方式和活动，激发学生的学习兴趣和求知欲，从而更好地引导他们提出问题和进行思考。

激励学生。教师应该给予学生充分的鼓励和支持，让他们有信心提出自己的问题和观点。教师可以通过奖励和表扬来鼓励学生，促使他们更主动地思考和提问。

提供反馈。教师应该及时对学生的问题和观点给予反馈，帮助他们纠正错误并提高问题的质量。教师可以通过提问和示范来引导学生提出更有深度和挑战性的问题。

最后，在引导学生提出问题方面，教师应该注重以下几点。

鼓励学生提出各类问题。教师不仅要鼓励学生提出基础性的问题，还要鼓励他们提出更深入和具有创新性的问题。在回答学生问题的过程中，教师可以启发他们进一步思考。

培养学生的批判性思维。教师应该培养学生批判性思维和逻辑思维，帮助他们提出有针对性和有深度的问题。这样的思维能力可以帮助学生更好地理解和解决复杂的化学问题。

鼓励学生独立思考。教师应该给学生足够的空间和时间，让他们独立思考和提问。学生在独立思考的过程中，可能会出现错误或困惑，但这也是学习的一部分。教师可以通过引导和启发，帮助学生克服困难，提高问题的质量。

## 三、开展案例分析

素养本位教学是以培养学生核心素养和综合素质为目标的教育方法。在高中化学教学中，素养本位教学可以通过案例分析的方式进行实践，帮助培养学生问题解决能力、创新思维和批判性思维。

首先，通过案例分析可以激发学生的学习兴趣和思考能力。在化学教学中，教师可以选择一些与学生生活和实际应用相关的化学问题或化学现象作为案例。比如，教师可以选择一起酸雨事件作为案例，引导学生思考酸雨的成因、对环境和健康的影响，以及如何预防和治理酸雨等问题。这样的案例既可以帮助学生对化学知识和原理进行深入理解，又能培养他们的问题解决能力和批判性思维。

其次，案例分析可以帮助学生将化学知识应用到实际问题中，培养学生的创新思维能力。在进行案例分析时，教师可以鼓励学生提出自己的观点和解决方案，激发他们对问题的思考和探索。比如，在介绍电化学时，教师可以通过案例分析来引导学生思考如何解决电池容量不足的问题。学生可以提出使用新材料制造更高容量电池、优化电池结构、改进电解液等创新解决方案。通过这样的案例分析，学生既学会了应用电化学知识解决实际问题，又培养了创新思维能力。

再次，案例分析可以帮助学生发展批判性思维能力。在进行案例分析时，教师可以引导学生分析问题的各个方面，评估不同观点的合理性，并提出自己的批判性意见。比如，在介绍有机化学时，教师可以选择一个关于合成有机物的案例，让学生分析不同合成路线的优缺点，并评估其环境和经济的可行性。通过这样的案例分析，学生可以培养批判性思维和逻辑推理能力，提高问题解决能力和决策能力。

最后，在进行案例分析时，教师应该注重以下几点。

案例的选择和设计。选择与学生生活和实际应用相关的化学问题或现象作为案例，能够更好地激发学生的学习兴趣。同时，教师应该根据学生的知识水平和学习需求，设计具有挑战性和启发性的案例，引导学生进行思考和分析。

引导学生的思考和探索。教师应该鼓励学生提出自己的观点和解决方案，并给予积极的反馈和支持。同时，教师还可以引导学生进行小组讨论或互动，促进彼此之间的学习和交流。

提供指导和反馈。教师可以通过提问和示范来引导学生进行案例分析，帮助他们发现问题，找出解决方案，并提高问题解决的质量。同时，教师还应该及时给予学生反馈，帮助他们改进和提高。

# 第三章　素养本位教学下的课堂设计与实施

## 第一节　课堂设计的基本原则与要求

### 一、教学目标的明确性

高中化学课程是培养学生科学素养和实践能力的重要环节，素养本位教学则是基于学生的个体差异和兴趣特点，以培养学生核心素养为目标，注重学生的主动参与和自主学习。在高中化学课堂设计和实施中，教学目标的明确性对于促进学生的全面发展和素质提升至关重要。

首先，教学目标应该整合国家课程标准和学校教学大纲的要求。化学课程的教学目标既包括知识技能层面的掌握，也包括情感态度价值观和学习能力方面的培养。通过综合运用各项教学资源，使得学生能够在不同层次上达到预期的能力水平。同时，教学目标的明确性还要求将知识与社会实践相结合，培养学生的创新思维和解决问题的能力。

其次，教学目标应该体现素养本位教学的理念。素养本位教学强调培养学生的创造力、批判性思维和合作精神等核心素养。因此，在高中化学课堂设计和实施过程中，教学目标应该注重培养学生的思维能力和实践能力，激发学生的学习动机和兴趣。例如，在教学目标中可以设定培养学生的实验设计能力、数据处理能力和科学沟通能力等方面的要求。

再次，教学目标应该具备可操作性和可评估性。教学目标的可操作性意味着目标应该明确具体，可以通过教学活动和任务来达成。例如，教学目标可以是学生能够在实验中正确使用仪器仪表，并能够准确记录和分析实验数据。教学目标的可评估性意味着目标应该能够通过形式和非形式的评估手段进行评价。例如，可以设计实验报告和作业等形式的评估方式，评估学生对于相关知识和技能的掌握情况。

最后，教学目标应该与学生的发展需求相匹配。高中化学课程旨在培养学生的科学素养和实践能力，但每个学生的兴趣、特长和目标可能存在差异。因此，在教学目标的明确性上，需要充分考虑学生的个体差异和特点，个性化地设置目标，并提供不同层次、多样化的教学活动和资源，以满足学生的发展需求。

## 二、学生参与的积极性

素养本位教学是一种以培养学生的素养为核心，强调学生主动参与和自主探究的教学模式。在高中化学课堂设计与实施中，素养本位教学能够激发学生的积极性，并且提升他们对学习的投入度。下面将详细介绍高中化学课堂设计与实施中学生参与的积极性。

首先，在素养本位教学下，高中化学课堂注重培养学生的问题意识和解决问题的能力。教师可以设计一系列具有挑战性的问题，并引导学生进行探究和思考。通过让学生主动提出问题、尝试解决问题去更好地理解化学知识，培养学生解决问题的能力。这种问题解决的过程中需要学生积极参与，不断思考和实践，从而提高他们的积极性。

其次，素养本位教学注重培养学生的合作与交流能力。在高中化学课堂上，教师可以设计小组合作、讨论和分享的活动，鼓励学生之间的互动与合作。通过小组合作，学生能够各自发挥优势、相互支持，共同解决问题。在活动过程中，学生需要主动表达自己的观点、倾听他人意见、互相讨论并且提出批评和改进建议。这种合作与交流的过程中，学生能够增强对课程的兴趣和积极性。

再次，素养本位教学注重培养学生的实践能力。高中化学是一门实验性较强的学科，通过实验可以加深对知识的理解和掌握。在课堂设计与实施中，教师可以安排一定数量的实验环节，鼓励学生亲自动手进行实验操作。学生参与实验的过程中，需要仔细观察实验现象、记录数据、分析结果，并从中总结规律和归纳知识。这种实践的过程中，学生能够更好地理解和运用化学知识，并且提高他们的学习积极性。

最后，素养本位教学注重培养学生的创新思维和实践能力。在高中化学课堂上，教师可以引导学生提出创新性的问题、开展创新性的实践活动。例如，通过设计化学实验，学生可以探究问题、发现规律，并提出改进的方法和创新的思路。这种创新性的学习方式能够激发学生的兴趣，增强他们的学习积极性。

## 三、内容的合理性和有效性

素养本位教学是一种以培养学生综合素养为目标的教育理念和教学方法，在高中化学课堂设计与实施中，合理性和有效性是评价其教学效果的重要指标。下面将从三个方面探讨素养本位教学在高中化学课堂中的合理性和有效性。

首先，素养本位教学能够培养学生的综合素养。高中化学课程旨在培养学生的科学思维、实验技能和科学素养。素养本位教学注重培养学生的创新能力、合作能力、批判思维等综合素养，通过引导学生进行探究性学习、解决问题和开展实践活动，促使学生主动参与学习过程，形成全面发展的优势，并能更好地应对未来社会的挑战。因此，采用素质本位教学可以使高中化学课堂内容更符合学生的发展需求，有利于学生成长和发展。

其次，素养本位教学能够提升学生的学习积极性和主动性。传统的化学教学往往以教师为中心，内容枯燥，学生缺乏主动性，容易导致学生的学习兴趣下降。而素养本位教学强调学生的参与和主动性，通过设计具有挑战性的问题、情境和实践活动，激发学生的学习兴趣和求知欲望，培养学生自主探究和解决问题的能力。这种教学方式可以更好地调动学生的积极性，让他们在实践中获得成就感，提高学习效果。

再次，素养本位教学能够促进学生的批判思维和创造力。高中化学课程要求学生掌握一定的知识和技能，但单纯的传授知识往往限制了学生的思维发展。而素养本位教学注重培养学生的批判思维和创造力，通过引导学生进行科学探究、分析问题、评估证据等活动，培养学生的逻辑思维和创新能力。这种教学方式可以培养学生的独立思考和解决问题的能力，提高他们的创造力和创新意识，使他们能够更好地应对未来社会的挑战。

## 四、资源的充分利用

高中化学课程在素养本位教学的指导下，注重培养学生的科学素养、实践能力和创新意识。为了充分利用课堂资源并提升学生的学习效果，设计与实施高中化学课堂，可以从以下几个方面进行考虑。

（一）充分利用实验器材

在化学课堂中，实验器材是非常重要的资源。教师应该充分利用实验室设备，设计有针对性的实验项目，让学生亲自操作和观察，提高他们的实践能力和动手操作能力。同时，通过实验可以帮助学生理解抽象的化学概念，加深对知识的理解和记忆。

（二）利用多媒体技术辅助教学

多媒体技术能够提供更加直观、生动的展示方式，激发学生的兴趣，并增强他们的理解能力。教师可以利用多媒体投影仪、电子白板等工具展示化学实验视频、模拟实验过程，通过图像、声音等多种形式呈现知识，使学生更好地理解和掌握化学概念。

（三）设计启发式教学活动

素养本位教学追求培养学生的创新思维和解决问题的能力，教师可以设计一些启发式教学活动来提升学生的思考和分析能力。例如，提出一个质询性问题，让学生自主探究并提出解决方案；组织小组合作学习，让学生进行讨论和合作，共同解决问题；设计开放性实验项目，让学生自由选择实验方法和步骤，培养他们的科学探究精神。

（四）利用信息技术资源

在当今信息技术高度发达的时代，教师可以利用互联网等资源拓展学生的学习渠道。通过引导学生查阅文献、搜索相关资料来拓宽视野，提高学生的信息获取和整合能力。同时，还可以利用在线教育平台、学习网站等资源，提供个性化的辅导和学习支持，满足学生的不同需求。

（五）注重实践与生活联系

高中化学课程的核心目标是培养学生的实践应用能力。因此，在课堂设计中应注重将化学知识联系到实际生活中，让学生能够理解和应用所学的知识。可以通过案例分析、真实案例讨论等方式，引导学生思考化学在环境保护、食品安全、新材料开发等方面的应用，培养他们的应用意识和创新能力。

## 五、灵活性和多样性

素养本位教学是一种注重培养学生综合素养和能力的教学模式，强调学生的主体地位和能动性，鼓励学生主动探究、解决问题和合作学习。在高中化学课堂中，如何设计和实施灵活多样的教学活动，以适应素养本位教学的要求，是一项重要的课题。

首先，针对高中化学课程的特点，在课堂设计上可以采用多媒体技术与实验教学相结合的方法。通过运用多媒体教学手段，如视频、动画、模拟软件等，可以生动形象地呈现化学知识，激发学生的学习兴趣。同时，加强实验教学，让学生亲自动手进行实验操作，培养他们的观察实验设计和问题解决的能力。

其次，教师可设计一些开放性的问题讨论，引导学生进行思考和交流。这样的设计不仅可以激发学生的思维能力和创造力，还有助于培养他们的口头表达和团队合作能力。比如，在学习化学反应速率时，可以提出一个开放性问题："如何改进某种化学反应的速率？"让学生自由发表观点，并进行小组讨论，最后合作总结出解决方案。

再次，教师还可以鼓励学生进行项目式学习或研究性学习。通过提供一个课题或问题，让学生自主进行调查、实验和研究，培养他们的科学探究能力。比如，在学习酸碱中和反应时，可以组织学生设计一项实验，研究不同酸度的溶液对植物生长的影响，并总结出酸碱中和反应在生活中的应用。

此外，素养本位教学注重培养学生的跨学科能力和综合素养。因此，在高中化学课堂中，可以与其他学科进行跨学科融合，促进学科之间的互动和交流。比如，在学习有机化学时，可以引入一些生物学知识，让学生了解有机化合物在生物体内的功能和作用，培养他们的综合思考能力。

最后，评价方式也应灵活多样，符合素养本位教学的理念。除了传统的笔试、实验报告等评价方式外，还可以采用口头展示、小组合作评价等形式，注重发现学生的潜力和个性特长。同时，要充分尊重学生的发展规律和兴趣爱好，鼓励他们积极参与各类科技竞赛和实践活动。

# 第二节　素养本位教学下的课堂组织与管理策略

## 一、创设良好的学习环境

高中化学课堂的组织与管理策略在素养本位教学下具有重要意义，它能够为学生提供一个良好的学习环境。在这个环境中，学生有机会积极参与、自主学习，并且培养出对化学学科的兴趣和热爱。以下是一些有效的组织与管理策略，用于创设良好的高中化学课堂学习环境。

设立明确的学习目标。在每节课开始前，教师应该明确告诉学生本节课的学习目标，让学生知道他们将会学到什么，并明确他们需要达到怎样的水平。这样做可以激发学生的学习动机，帮助他们更好地集中注意力。

创设互动式学习环境。在高中化学课堂中，教师应该采用互动式的教学方法，鼓励学生积极参与讨论和解决问题。例如，教师可以设计小组活动、实验、讨论等形式来促进学生之间的交流和合作。这样的互动能够增强学生对化学知识的理解和运用能力，并培养他们的合作精神。

提供个性化学习支持。每个学生的学习能力和需求都不同，教师应该根据学生的实际情况，提供个性化的学习支持。教师可以通过布置不同难度的任务、提供扩展阅读材料或者给予个别辅导等方式，满足学生的学习需求，激发他们的学习兴趣。

鼓励探究与实践。高中化学课堂的学习应该注重培养学生的实践能力和探究精神。教师可以设计一些实验、模型演示或者案例分析等活动，让学生亲自动手进行实践，通过实践来巩固和扩展他们对化学知识的理解。同时，教师还可以鼓励学生提出问题、探索解决方案，培养他们的科学思维和创新能力。

给予及时反馈和评价。在学习过程中，及时的反馈和评价对于学生的学习进步非常重要。教师应该给予学生积极的鼓励和肯定，同时提供具体的建议和指导，帮助学生改进学习方法和提高学习效果。此外，教师还可以通过课堂评估、作业批改等方式，对学生的学习情况进行全面的评价，促进他们的自我认知和成长。

建立良好的师生关系。高中化学课堂的组织与管理策略应该注重建立良好的师生关系。教师应该尊重学生，理解他们的需求和困难，并与学生保持良好的沟通。同时，教师也需要充分倾听学生的意见和建议，为学生提供必要的支持和鼓励，营造一个和谐、积极的学习氛围。

创新教学方法。为了提高学生的学习兴趣和效果，教师可以采用一些创新的教学方法。例如，利用多媒体技术进行课堂展示，引入游戏化学习元素，设计项目式学习任务等。这些创新的教学方法能够激发学生的好奇心和求知欲，提高他们对化学学科的参与度和学习动力。

建立积极的班级文化。班级文化是一个集体认同感和凝聚力的重要因素。教师可以通过组织班级活动、设立奖励机制、鼓励学生展示自己的成果等方式，营造积极向上的班级文化。这样的班级文化能够促进学生之间的合作和交流，增强彼此之间的信任和支持。

持续专业发展。作为高中化学教师，在素养本位教学下，不断提升自身教学水平和专业知识是必要的。教师应该参加相关的教育培训，关注最新的教学研究和教育政策，与同行进行交流和分享。通过持续的专业发展，教师能够更好地应对学生的学习需求，提供优质的教育服务。

总之，高中化学课堂的组织与管理策略在素养本位教学下至关重要。通过设立明确的学习目标、创设互动式学习环境、个性化学习支持、鼓励探究与实践、及时反馈和评价、建立良好的师生关系、创新教学方法、建立积极的班级文化以及持续专业发展，可以有效地创设一个良好的高中化学课堂学习环境，激发学生的学习热情和主动性，促进他们全面发展。

## 二、激发学生的学习动力

高中化学课堂的组织与管理策略对于激发学生的学习动力至关重要，而素养本位教学则是一种注重培养学生核心素养和学科素养的教学模式。下面将从不同方面介绍在素养本位教学下，如何组织和管理高中化学课堂，以激发学生的学习动力。

（一）创设积极的学习环境

在素养本位教学下，创设积极的学习环境是必不可少的。首先，教师应该营造一个宽松和谐的氛围，让学生感受到尊重和关爱。其次，鼓励学生互相合作、分享，建立良好的互动和交流机制。还可以设置小组活动、实验研究等形式，让学生在实践中感受学习的乐趣。通过这些方式，会提升学生学习的积极性和主动性，并激发他们的学习动力。

（二）设计具有挑战性的学习任务

素养本位教学注重培养学生的探究和解决问题的能力，因此，在高中化学课堂中，教师可以设计一些具有挑战性的学习任务。这些任务可以是开放性问题、实验研究、小组讨论等形式，要求学生进行探究和思考。通过这样的学习任务，学生需要主动参与、积极思考和合作解决问题，从而激发他们的学习动力。

（三）关注学生的兴趣和需求

在素养本位教学下，重视学生的兴趣和需求是至关重要的。针对高中化学课程的特点，教师可以根据学生的兴趣和需求，选择相关案例、实际问题等作为学习材料，使学生能够将所学知识与实际应用相结合。同时，教师还可以鼓励学生开展独立的学习项目或研究，提供更多选择和自主学习的机会，以满足学生不同层次的需求。

（四）及时反馈和评价

素养本位教学注重学生的个体差异和全面发展，因此，及时的反馈和评价对于激发学生的学习动力非常重要。教师可以采用多种方法来进行反馈，如口头评价、书面评价、小组评价等，鼓励学生在学习中不断反思和改进。同时，教师还可以通过定期的个别谈话、学习档案等方式，与学生共同制定学习目标，并跟踪学生的学习过程和发展情况，及时调整教学策略，提供有针对性的指导和支持。

（五）培养学生的学习能力

素养本位教学注重培养学生的学习能力和自主学习能力，而高中化学是一门需要理论与实践相结合的学科，因此，在课堂组织和管理中，教师应该注重培养学生的实验设计、数据处理、问题解决等能力。教师可以通过设计具体的实验和研究项目，让学生亲自动手进行实践操作，培养他们的实验技能和解决问题的能力。同时，教师还可以引导学生学会利用多种资源进行自主学习，如图书馆、互联网等，培养他们获取知识、整合信息和解决问题的能力。

## 三、分组合作与个体表现的平衡

在素养本位教学下，高中化学课堂的组织与管理需要平衡分组合作和个体表现两个因素。分组合作可以促进学生之间的互动和合作，培养团队合作能力；而注重个体表现则有助于发掘学生的个人潜力和特长。以下将详细介绍如何在素养本位教学中实现这种平衡。

### （一）合理设置小组

在课堂组织与管理时，教师可以根据学生的不同特点和需求，合理设置小组。小组可以根据学生的能力水平、性格特点或是兴趣爱好来划分。例如，可以将具有较高学习能力和领导能力的学生放在同一小组，进行更有挑战性的任务；将需要互相配合和合作的学生放在一起，培养他们的团队协作能力。同时，还应注意保持小组的稳定性，避免频繁变动，以便学生能够建立良好的合作关系。

### （二）鼓励小组合作

在小组合作中，教师应该鼓励学生相互合作、分享知识和经验，激发团队合作精神，可以设置小组项目、实验研究等形式，让学生共同完成任务。在小组合作过程中，教师可以担任指导者的角色，引导学生分工合作、互相支持，同时也要注重鼓励和表扬小组成员的贡献和进步。

### （三）保留个体表现的空间

尽管小组合作对于培养学生的合作能力和团队意识非常重要，但也不能忽视个体的表现。因此，在课堂组织与管理中，教师应该给予学生一定的个人展示机会，可以安排学生进行个人报告、展示实验成果或是发表意见等。通过这样的方式，不仅可以发现学生的个人潜力和特长，还能够增强他们的自信心和积极性。

### （四）个性化辅导与指导

针对每个学生的个体差异，教师应该进行个性化辅导与指导。教师可以通过学生的评估、反馈和交流等方式，了解每个学生的学习情况和需求，并根据其情况提供有针对性的辅导和指导。这样可以帮助学生克服困难、提高学习效果，同时也能够激发他们的学习动力和积极性。

（五）综合评价与反馈

在平衡分组合作与个体表现时，教师应该进行综合评价与反馈。不仅要评价小组的合作成果和个体的表现，还要注重评价学生的探究能力、解决问题的能力以及思维方式等方面。通过综合评价，可以全面了解学生的学习情况和发展状况，并针对性地给予指导和反馈，以促进学生的全面发展。

## 四、积极引导学生的自主学习

在素养本位教学下，高中化学课堂的组织与管理应该积极引导学生的自主学习。自主学习是指一种学生在教师的指导和激励下，主动参与学习过程，独立探索、思考和解决问题的学习方式。以下将详细介绍如何在素养本位教学中实现积极引导学生的自主学习。

（一）建立良好的学习氛围

在课堂组织与管理中，教师应该营造一个积极、开放和鼓励自主学习的学习氛围。教师可以通过鼓励学生提问、互相讨论、分享经验等形式，激发学生的学习兴趣和主动性。同时，教师要为学生提供一个宽松和谐的环境，让他们感到安全和自信，敢于表达自己的观点和想法。

（二）明确学习目标和任务

在每堂课开始时，教师应该明确学习目标和任务，告诉学生应该达到何种水平和能力。同时，要让学生理解学习的重要性和意义，明确学习对个人发展和未来的价值。通过这样的方式，可以激发学生的学习动力，并提高他们对学习的自主性和积极性。

（三）提供资源和指导

为了引导学生进行自主学习，教师应该提供必要的学习资源和指导。这可以包括课本资料、参考书籍、互联网资源以及实验器材等。同时，教师还应该指导学生如何获取、整理和利用这些资源，培养他们的信息素养和学习策略。

通过提供资源和指导，能够帮助学生更好地开展自主学习，增强他们的学习效果和深度。

（四）设计探究性学习任务

素养本位教学注重培养学生的探究和解决问题能力，因此，在课堂组织与管理中，教师应该设计一些具有探究性质的学习任务。这些任务可以是开放性问题、实验研究、项目探究等形式，要求学生主动参与、积极思考和合作解决问题。通过这样的学习任务，学生需要自主制定学习计划、收集数据、分析结果，从而培养他们的自主学习能力和解决问题的能力。

（五）提供个性化评价和反馈

在学生进行自主学习的过程中，教师应该提供个性化的评价和反馈，可以根据学生的不同进展和发展需求，给予针对性的指导和建议。同时，教师也要注重肯定和鼓励学生的努力和成果，激发他们的学习动力和积极性。通过个性化评价和反馈，帮助学生更好地调整学习策略，提高自主学习的效果和质量。

总之，在素养本位教学下的高中化学课堂组织与管理中，教师应该积极引导学生的自主学习，建立良好的学习氛围，明确学习目标和任务，提供资源和指导，设计探究性学习任务以及提供个性化评价和反馈，这些策略都有助于激发学生的学习动力，培养他们的自主学习能力和解决问题的能力。通过积极引导学生的自主学习，可以促进他们的全面发展，提高学习效果和成就感。

素养本位教学强调学生的主体地位和能力培养，鼓励学生主动参与和探究。在化学课堂中，积极引导学生的自主学习可以加深他们对知识和实验的理解与应用，培养他们的创新意识、解决问题的能力和团队合作精神。同时，这种自主学习的方式也符合现代社会对人才的需求，培养学生的自主学习能力将为他们未来的学习和职业发展打下坚实基础。

因此，在高中化学课堂的组织与管理中，应该注重积极引导学生的自主学习，并结合具体的教学内容和学生的特点灵活运用相应的教学策略。通过逐步引导学生从被动接受到主动探究的转变，培养他们的学习兴趣、独立思考和创新能力，让他们成为能够持续学习和适应社会发展的合格人才。

## 五、鼓励并给予及时反馈

在素养本位教学下，高中化学课堂的组织与管理应该鼓励学生并给予及时反馈。鼓励和及时反馈是激发学生学习动力、提高学习效果的重要手段，以下将详细介绍如何在素养本位教学中实现这一点。

（一）鼓励学生参与

在课堂组织与管理中，教师应该鼓励学生积极参与，主动表达自己的想法和观点，可以通过提问、小组讨论、角色扮演等方式来激发学生的参与意识。同时，教师要注重肯定和赞扬学生的积极表现，给予他们正面的鼓励和认可，让他们感受到学习的价值和意义，从而激发学习动力。

（二）提供实时反馈

在学生参与学习过程中，教师应该及时给予反馈，可以使用口头或书面形式，对学生的回答、解决问题的思路、实验结果等进行评价和反馈。重点是给予具体、明确和针对性的反馈，指出学生的优点和不足之处，并提供改进的建议。通过实时反馈，学生可以及时了解自己的学习情况，发现问题并进行调整，提高学习效果。

（三）鼓励学生互相反馈

除了教师的反馈，还可以鼓励学生之间进行互相反馈，可以组织小组讨论、同伴评价等活动，让学生之间相互交流、分享和评价彼此的学习成果。这样不仅能够增强学生的学习合作意识和团队精神，还能够促进他们的思维深度和批判性思维能力。

（四）设定挑战和目标

在课堂组织与管理中，教师可以设定一定的挑战和目标，激发学生积极参与，并提供适当的支持和辅导。这样可以激发学生的学习兴趣和主动性，让他们有更大的动力去追求优异的表现。同时，教师也要根据学生的不同水平和特点，设定个性化的目标，给予针对性的反馈和指导，使学生感到被重视和关注。

（五）开展形式多样的评价方式

在素养本位教学中，教师应该开展形式多样的评价方式，以满足学生的不同需求和发展要求。除了传统的考试和作业评价外，可以采用项目实践、实验报告、小组展示等方式来评价学生的学习成果。同时，要注重评价过程的及时性和有效性，确保学生能够在学习过程中及时获得反馈并进行调整。

# 第三节 素养本位教学下的教学方法与策略

## 一、启发式教学法

在素养本位教学下，启发式教学法是一种非常有效的教学方法。它强调学生主动参与和思考，通过提供适当的引导和问题，激发学生的探究欲望和解决问题能力。以下是在高中化学教学中应用启发式教学法的几个方面。

提出挑战性问题。教师可以引入具有挑战性和启发性的问题，鼓励学生进行自主思考和研究。这些问题可以涉及现实生活中的化学问题或实验现象，激发学生的好奇心和求知欲。

设计情境化学习任务。通过设计情景或案例，将化学知识融入到实际生活中，让学生在真实的背景下进行学习。学生在解决问题的过程中，不仅可以掌握化学知识，还能培养实际应用能力和解决问题的能力。

实验探究与发现。鼓励学生进行实验探究，通过观察、实验和分析结果，引导他们自主发现化学规律和原理。学生可以从实验中获得实践经验，提高实验技能，培养科学思维和实验设计能力。

小组合作学习。将学生分成小组，进行合作学习和讨论。每个小组成员扮演不同的角色，共同解决问题或完成实验任务。通过小组合作，学生可以相互交流和分享想法，培养团队合作能力和沟通能力。

提供启示和指导。教师在学生独立探究之后，及时给予反馈、启示和指导。教师可以通过引导性问题和提示，帮助学生发现问题的本质和解决方法，促进他们的思考和学习。

培养批判性思维。鼓励学生对化学知识进行批判性思考和评价。教师可以引导学生分析和比较不同的化学现象、理论或实验结果，帮助他们形成批判性思维和科学态度。

通过应用启发式教学法，高中化学教学可以更加活跃和富有趣味性。学生不再仅仅是知识的被动接受者，而是积极参与到学习过程中，主动探索和思考。这种教学方法能够培养学生的创新能力、解决问题的能力以及批判性思维，为他们未来的学习和发展奠定坚实基础。

## 二、问题导向的学习

在素养本位教学下，问题导向的学习是一种重要的教学方法。它通过提出问题来引导学生的学习过程，并激发他们的思考和探究欲望。问题导向的学习强调学生的主动参与、自主学习和解决问题的能力培养。以下是在高中化学教学中应用问题导向学习的几个方面。

创设情境问题。教师可以通过创设情境或案例，提出具有启发性和挑战性的问题。这些问题可以涉及实际生活中的化学现象、疑惑或需要解决的难题。学生通过对问题的思考和研究，进行知识的探索和扩展。

引发学生思考。教师可以通过开放性问题、引导性问题或思考性问题，激发学生的思考和讨论。这些问题可以引导学生深入思考化学现象背后的原因、规律和机制，培养他们的分析和推理能力。

自主探究和研究。学生在问题导向的学习中扮演主角，通过自主探究和研究来解决问题。他们可以运用多种资源，如教科书、实验室设备、互联网等，收集信息、进行实验和开展调查研究，培养信息获取和处理能力。

小组合作与合作学习。教师可以将学生分成小组，共同解决问题或完成研究项目。小组合作可以促进学生之间的交流和合作，互相分享知识和经验，培养团队合作能力和沟通能力。

提供指导与反馈。教师在学生独立探究的过程中，及时给予指导和反馈。教师通过个别指导、讨论、评价等方式，帮助学生理清思路、纠正错误，并提供进一步的引导和支持。

学习成果展示与评价。学生在解决问题的过程中，可以将所得到的结论和发现进行展示和交流。教师可以通过学术报告、展示、展览等方式，评价学生的学习成果，并为他们提供指导和改进的机会。

问题导向的学习能够激发学生的学习兴趣和主动性，培养他们的独立思考和解决问题的能力。通过自主探究和合作学习，学生可以获得更深入的学习体验，并将所学知识应用于实际情境中。这种学习方式强调学生的参与性和主导地位，使他们成为自主学习者和积极探索者，为未来的学习和发展奠定坚实基础。

## 三、项目化学习

在素养本位教学下，项目化学习是一种重要的教学方法。它通过将化学知识与实际项目相结合，提供具有实践意义和应用价值的学习任务，培养学生的综合素养和实践能力。以下是在高中化学教学中应用项目化学习的几个要点。

确定项目任务。教师可以基于学生的兴趣、教学目标和课程内容，确定适合的项目任务。这些任务可以涉及到化学在现实生活中的应用，如环境保护、新材料研发、食品安全等。项目任务需要具有挑战性、开放性，能够激发学生的探索欲望和解决问题的能力。

团队合作与分工。学生被组织成小组，共同合作完成项目任务。每个小组成员可以根据自己的兴趣和专长进行分工，各司其职，共同协作完成项目。团队合作能够培养学生的合作精神、沟通能力和团队合作能力。

资源获取与整合。学生在项目化学习中需要主动获取和整合各种资源。这包括教科书、网络资料、实验室设备等。学生通过查询、调研、实验等方式，收集所需的信息和材料，为项目的实施提供支持。

实践操作与实验设计。项目化学习注重学生的实践操作和实验设计能力的培养。学生可以进行实验探究，验证理论知识的适用性，并设计和实施与项目任务相关的实验。实践操作和实验设计培养了学生的实际应用能力、科学思维和创新能力。

项目成果展示与评价。在项目化学习结束后，学生需要将成果进行展示与交流。这可以是口头报告、海报展示、项目展览等形式。教师可以通过评价学生的项目成果，对他们的综合素养和项目表现进行评估。

通过项目化学习，学生能够将抽象的化学知识与实际问题相结合，培养他们的综合素养和实践能力。项目化学习激发了学生的学习兴趣和积极性，增加了学习的深度和广度。同时，项目化学习也培养了学生的合作精神、沟通能力和解决问题的能力。这种学习方式将化学知识应用于实际情境中，使学生更好地理解和掌握化学的原理和应用，在高中化学教学中发挥了重要作用。

## 四、合作学习与小组讨论

在素养本位教学下，合作学习和小组讨论是一种有效的教学方法。它强调学生之间的互动和合作，通过小组内外的讨论、协作和分享，促进学生的深度学习和思维发展。以下是在高中化学教学中应用合作学习与小组讨论的几个要点。

小组分工与合作。将学生分成小组，每个小组成员分担不同的角色和任务。例如，有的学生负责资料收集，有的学生负责实验设计，有的学生负责汇总和整理。通过小组分工与合作，学生相互协助、交流和合作，共同完成任务。

学习目标共享与讨论。在小组学习中，学生之间共享学习目标，并进行讨论和解释。学生可以互相提出问题、提供观点和分析，彼此之间辅导和帮助。这样的讨论过程促使学生深入思考和理解，扩大他们的知识面和视野。

解决问题与研究项目。小组合作学习提供了解决问题和开展研究项目的机会。通过小组讨论，学生可以共同探讨和分析化学问题，并集思广益地找出解决方案。同时，他们也可以共同规划和实施研究项目，进行数据收集和分析，培养科学方法论和实践能力。

合作学习技能培养。小组合作学习培养了学生的合作学习技能和社交技能。学生需要学会倾听、表达自己的观点、尊重别人的观点，并在团队中互相协调和支持。这些技能对于学生未来的学习和工作中都非常重要。

教师角色的转变与指导。在合作学习和小组讨论中，教师的角色也发生了转变。教师不再是单纯的知识传授者，而是学生学习的指导者和促进者。教师需要提供适当的问题和引导，激发学生的思考和讨论，引导小组合作学习的方向和目标。

通过合作学习与小组讨论，高中化学教学可以促进学生之间的互动和交流，培养他们的合作精神、沟通能力和批判性思维。学生在小组讨论中可以从彼此的经验和观点中受益，加深对化学知识的理解和应用。这种学习方式还能够激发学生的学习兴趣和主动性，提升他们的综合素养和解决问题的能力。

## 五、实践探究与实验教学

在素养本位教学下，高中化学教学实践探究与实验教学是非常重要的环节。它们通过让学生亲身参与实际操作、观察和实验设计，培养学生的科学思维、实践能力和解决问题的能力。以下是有关素养本位教学下高中化学教学实践探究与实验教学的概述。

（一）实践探究与实验教学的目的

培养学生的实践能力。通过实践操作和实验设计，学生可以亲自进行化学实验和探究，培养他们的实践能力和技巧。这种实践培养了学生的观察、记录、分析和解读实验结果的能力，使他们能够更好地理解和应用化学知识。

培养科学思维和探究精神。实践探究和实验教学注重学生的主动性和探究精神。学生通过实际操作和实验设计，思考问题、提出假设、收集数据并得出结论。这培养了学生的科学思维、逻辑推理和实证研究的能力。

深化对化学理论的理解。实践探究和实验教学让学生能够亲自体验和观察化学现象，加深对化学理论原理的理解。学生通过实际操作和实验验证，巩固和扩展了他们对反应机制、物质转化和化学原理等知识的认识。

培养解决问题的能力。实践探究和实验教学培养了学生的解决问题的能力。学生通过实验设计和数据分析，学会提出问题、找出关键变量，并得出合理的结论和解决方案。这种能力在学习和日常生活中都具有重要意义。

（二）实践探究与实验教学的方法和策略

实验设计和操作。学生可以参与实验设计并进行实验操作。他们需要根据实验目的和条件，选择适当的实验方法和步骤，并进行实验操作和数据记录。实验设计和操作过程培养了学生的实验技巧和实践能力。

探究性学习。学生探究性学习是指学生通过独立思考、实验探究和资料收集等方式，主动地发现和解决问题。教师可以引导学生提出问题、开展实验探究和资料研究，并引导学生从实践中总结规律和得出结论。

实验讨论和分析。在实验教学过程中，教师可以组织学生进行实验讨论和数据分析。学生通过集体讨论、思考和交流，深入分析实验结果和现象，培养他们的批判性思维和科学推理能力。

情境模拟与应用。教师可以利用情境模拟和实际应用来进行实践探究和实验教学，例如，通过模拟环境污染的实验或者食品安全检测的实践活动，将化学知识与实际情境相结合。素养本位教学下的高中化学教学实践探究与实验教学是一种有效的教学方法，它强调学生的实际参与和主动性。在这种教学模式下，老师可以通过设计实验、让学生动手操作、观察和记录实验结果，培养学生的实践能力和科学思维。

通过实践探究和实验教学，学生可以更深入地理解化学原理和概念，加深对化学现象的认识。同时，实验还可以激发学生的想象力和创造力，并锻炼他们的问题解决能力。

在进行高中化学教学实践探究与实验教学时，教师需要关注以下几个方面。

实验设计。教师需要根据学生的学习目标和教学内容，设计具有挑战性和启发性的实验。合理的实验设计可以帮助学生更好地理解和应用化学知识。

安全意识。在进行实验教学时，教师需要重视实验安全，确保学生能够正确使用实验器材和化学试剂，并采取必要的安全措施。

数据分析与解释。学生需要学会收集、整理和分析实验数据，并从中得出结论。教师可以指导学生使用适当的统计方法和图表来展示实验结果。

实践应用。教师可以将化学知识应用到实际问题中，培养学生将所学知识转化为实际应用的能力。例如，通过让学生设计环保实验或食品安全检测实验，让他们了解化学在社会生活中的应用价值。

# 第四章　素养本位教学对学生学习效果的影响评价

## 第一节　学生学习效果评价的重要性与方法

### 一、学生学习效果评价的目的

在素养本位教学中，学生学习效果评价的目的是为了全面了解学生的学习状况、掌握学生的学习成果和进展情况，以及提供有针对性的反馈和指导，促进学生的个体发展和综合素养的培养。下面将从不同角度详细阐述素养本位教学学生学习效果评价的目的。

（一）了解学生学习状况

学生学习效果评价的一个重要目的是了解学生的学习状况。通过评价学生的学习效果，可以了解每个学生的学习成绩、知识掌握程度和学习态度等方面的情况。这有助于教师更好地把握学生的学习水平，针对不同情况采取有针对性的教学策略和方法，满足学生个体化的学习需求。

（二）掌握学生的学习成果和进展情况

学生学习效果评价的目的之一是评估学生的学习成果和进展情况。通过评价学生的学习效果，可以了解学生对各个学习目标和领域的掌握程度和进展情况，包括知识、技能、态度等方面。这有助于教师评估自己的教学效果，并及时调整和改进教学内容和方法，以促进学生的全面发展。

（三）提供有针对性的反馈和指导

学生学习效果评价的目的之一是为学生提供有针对性的反馈和指导。通过评价学生的学习效果，可以根据学生的优点和不足，给予积极的鼓励和肯定，同时指出需要改进和加强的方面。这有助于激发学生的学习动力，增强学生的自信心，并提供具体的指导和建议，促进学生的进一步提高。

（四）促进学生个体发展和综合素养的培养

学生学习效果评价的目的之一是促进学生的个体发展和综合素养的培养。素养本位教学注重培养学生的综合能力和素养，包括知识、思维能力、实践能力、合作与沟通能力等方面。通过评价学生的学习效果，可以了解学生在这些领域的发展情况，为学生提供个性化的支持和引导，帮助学生全面发展，培养良好的综合素养。

总之，学生学习效果评价在素养本位教学中具有重要的目的，旨在了解学生学习状况、掌握学生学习成果和进展情况，提供有针对性的反馈和指导，促进学生个体发展和综合素养的培养。通过有效的学生学习效果评价，教师可以更好地了解学生，适应学生的需求，优化教学过程，提高教育质量。

## 二、学生学习效果评价的原则和准则

在素养本位教学中，学生学习效果评价的原则和准则是为了确保评价的公正、全面和有效性。下面将从不同方面详细阐述素养本位教学学生学习效果评价的原则和准则。

（一）公正性

公正性是学生学习效果评价的重要原则之一。评价过程应该公正、客观，不偏袒任何一方，确保每个学生都能获得公平的评价结果。评价时要避免主观臆断和个人偏见，采用客观可衡量的标准和指标进行评价。

（二）全面性

全面性是学生学习效果评价的基本原则之一。评价应该涵盖学生的多个方面，包括知识、技能、思维能力、实践能力、情感态度等方面的发展。评价内容应该与学习目标和教学内容相匹配，全面反映学生的学习成果和进展情况。

（三）多元性

多元性是学生学习效果评价的重要准则之一。评价方法应该多样化，包括考试、作业、实验报告、项目展示、小组讨论、口头演讲等不同形式的评价方式。通过多元的评价方法，可以更全面地了解学生的学习效果和潜力。

（四）个体化

个体化是学生学习效果评价的重要准则之一。评价应该根据学生的个体差异和特点，注重发掘每个学生的优势和潜能，并提供个性化的反馈和指导。评价过程中要注重学生的个体发展，关注每个学生的进步和成长。

（五）反馈与指导

反馈与指导是学生学习效果评价的重要准则之一。评价结果应该及时反馈给学生，给予具体的肯定和建设性的指导。通过积极的反馈和指导，可以激发学生的学习动力，提高学习效果，并帮助学生更好地调整和改进学习策略。

总之，素养本位教学学生学习效果评价的原则和准则是公正性、全面性、多元性、个体化、可持续性以及反馈与指导。教师在评价学生学习效果时，应遵循这些原则和准则，确保评价的公正性、客观性和有效性，为学生提供有针对性的反馈和指导，促进学生的全面发展和综合素养的提高。

## 三、学生学习效果评价的方法和工具

在素养本位教学中，评价学生的学习效果是十分重要的。为了实现全面、准确的评价，需要采用多种方法和工具来收集和分析学生的学习数据。下面将介绍一些常用的方法和工具。

（一）观察法

观察法是评价学生学习效果的基础方法之一。教师通过观察学生在学习过程中的表现，包括课堂参与、问题解决、学习态度等方面，从而获得学生的学习情况和进展情况。观察法可以应用于日常教学中，教师可以记录学生的行为和表现，以便更好地了解学生的学习效果。

（二）测验和考试

测验和考试是常见的评价学生学习效果的方法之一。通过设立一定的测试内容和标准答案，对学生进行知识和技能的测验，从而评估学生的学习成果和掌握程度。测验和考试可以包括选择题、填空题、简答题、论述题等形式，根据不同的评价目的和学科特点进行设计。

（三）作业评价

作业评价是评价学生学习效果的重要手段之一。教师可以通过检查学生的作业完成情况，评估学生对知识和技能的应用能力、独立思考能力以及学术素养等方面的发展情况。作业评价可包括书面作业、实验报告、项目作业等形式，为学生提供展示学习成果和思考能力的机会。

（四）项目展示

项目展示是一种综合性的评价方法，通过让学生展示自己在某个主题或领域中的创作和表现，来评价学生的学习效果。学生可以通过口头演讲、展板制作、多媒体呈现等方式，展示他们的学习成果和创造性思维能力。项目展示可以激发学生的学习兴趣和动力，提高学生的综合素养。

（五）自评与互评

自评与互评是评价学生学习效果的一种参与式评价方法。学生可以对自己的学习成果和学习过程进行评价，反思自己的学习情况。同时，学生也可以通过互相交流和评价，从同伴中获得反馈和建议，促进彼此的学习和成长。自评与互评可以激发学生的批判性思维能力和自主学习能力。

（六）问卷调查

问卷调查是一种收集学生反馈意见的有效方法。教师可以设计问卷，通过学生匿名填写的方式，了解学生对教学内容、教学方法、学习环境等方面的看法和意见。问卷调查可以帮助教师更好地了解学生的需求和期望，改进和优化教学，提高学生的学习效果。

（七）学生日记和反思

学生日记和反思是学生参与评价学习效果的一种方式。学生可以记录自己的学习过程、体会和感受，进行自我反思和总结。学生日记和反思可以帮助学生发现自己的学习问题和不足之处，促进学生的自我认知和成长。

（八）评价指标与标准

评价指标与标准是评价学生学习效果的基础。在素养本位教学中，应明确评价学生所需具备的素养目标，并制定相应的评价指标和标准。评价指标可以包括知识掌握程度、问题解决能力、创新思维能力、合作能力等多个方面，而评价标准可以通过分级或者描述性的方式来确定。

综上所述，评价学生学习效果需要采用多种方法和工具，如观察法、测验和考试、作业评价、项目展示、自评与互评、问卷调查、学生日记和反思等。这些方法和工具可以帮助教师全面了解学生的学习情况、掌握程度和能力发展情况，为学生提供个性化的反馈和指导，促进其全面发展和综合素养的培养。同时，制定清晰的评价指标和标准也是评价的基础，它能够确保评价结果的准确性和可比性。

## 四、学生学习效果评价的周期和频率

素养本位教学学生学习效果评价的周期和频率应该是一个持续性的过程，以确保学生的学习成果和能力的全面发展。下面将介绍素养本位教学学生学习效果评价的周期和频率的建议。

（一）日常评价

日常评价是指在日常教学活动中对学生的学习效果进行观察和评价。教师可以通过课堂观察、学生作业的检查、小组讨论的参与等方式，不断了解学生的学习情况和进展情况。日常评价应该是积极的、即时的，并及时给予学生反馈和指导。这种评价方式可以帮助教师及时调整和改进教学内容和方法，帮助学生纠正错误和提高学习效果。

（二）期中评价

期中评价是在每个学期或教学周期中进行的评价活动。在期中评价中，教师可以通过考试、作业、项目展示等方式，对学生的学习成果和掌握程度进行综合评价和反馈。期中评价的目的是及时了解学生的学习情况，评估教学效果，并为后续的教学调整和学生学习提供指导。

（三）期末评价

期末评价是在每个学期或教学周期结束时进行的评价活动。期末评价的目的是对整个学期或教学周期内学生的学习成果和素养发展进行总结和评价。教师可以通过考试、项目报告、口头演讲等方式，对学生的综合能力和素养进行全面评价和反馈。期末评价的结果可以作为学生成绩的依据，也可以用来评估教学质量和教学效果。

（四）阶段性评价

除了日常评价、期中评价和期末评价之外，还可以在教学过程中设立一些特定的阶段性评价。这可以根据课程安排、学习目标和教学内容的不同来确定。阶段性评价可以帮助教师了解学生在不同阶段的学习情况，并及时进行调整和反馈，促进学生的持续发展和进步。

（五）个别评价

个别评价是针对个别学生进行的评价。对于一些需要特殊关注和支持的学生，教师可以采取个别化的评价方法和策略。比如，通过与学生的个别面谈、观察和记录学生的学习情况，为他们提供针对性的指导和支持。

总体来说，素养本位教学学生学习效果评价应该是一个持续性的过程，将日常评价、期中评价、期末评价以及阶段性评价等相结合。评价的频率和周期应根据学科特点、教学内容和学生的需求来确定，注重及时反馈、个别关注和全面发展。同时，评价结果可应用于教学改进和学生个体化发展的指导，以促进学生学习效果的提高和全面素养的培养。

## 第二节　素养本位教学对学生学习效果影响的评价

### 一、提高学生的学习动机和主动性

（一）提高学生的学习动机

素养本位教学注重培养学生的能力和素养，强调学生的主体地位和积极参与性。这种教学方式可以激发学生的学习动机，使其更加主动地投入到学习过程中。以下是提高学生学习动机的几种方法。

贴近学生实际需求。素养本位教学关注学生的兴趣、需求和实际问题，将学习内容与学生的生活和未来关联起来。通过培养学生解决实际问题的能力，激发学生的学习兴趣和动机。

引导自主学习。素养本位教学倡导学生主动探索和发现知识，提倡自主学习。学生不再只是被动接受知识，而是通过自己的思考和努力去构建知识结构。这种自主学习的过程可以增强学生对学习的主观能动性，激发学生的学习热情和动力。

提供个性化学习支持。素养本位教学注重个体差异和学生发展的多样性，为学生提供个性化的学习支持。教师会根据学生的不同需求和能力水平，提供相应的学习资源和指导，激发学生的学习动机和积极性。

（二）增强学生的学习主动性

素养本位教学倡导学生的主体地位，鼓励学生在学习中能够主动参与和掌控的角色。这种方式有助于培养学生的学习主动性和自我管理能力。

培养自主学习策略。素养本位教学强调培养学生的学习策略和方法，让学生能够独立思考和解决问题。学生通过自主选择学习材料、制定学习计划、进行学习总结等活动，提升自己的学习主动性和效果。

进行项目式学习。素养本位教学采用项目式学习的方式，让学生参与课题的设计和实施过程，培养学生的合作精神和实践能力。学生在项目中需要主动合作、主动研究、主动思考，从而增强学习的主动性和实践能力。

提供探究性学习环境。素养本位教学注重培养学生的探究精神和创新意识。教师可以提供具有挑战性的学习任务和问题，引导学生进行探究式学习。学生在这个过程中需要主动寻找解决方案、收集信息、分析数据，从而增强主动学习的意识和能力。

综上所述，素养本位教学对学生高中化学学习效果的影响主要体现在提高学生的学习动机和主动性方面。通过贴近学生实际需求、引导自主学习、提供个性化学习支持等方式，素养本位教学激发学生的学习动机，使其更加主动地投入到学习中。同时，通过培养自主学习策略、进行项目式学习和提供探究性学习环境等方式，素养本位教学增强学生的学习主动性，培养学生的合作精神、实践能力和创新意识。这些因素共同促进了学生高中化学学习效果的提高。

## 二、培养学生的综合能力和素养

素养本位教学对学生高中化学学习效果的影响主要体现在培养学生的综合

能力和素养方面。下面将详细探讨这两个方面的影响。

（一）培养学生的综合能力

培养问题解决能力。素养本位教学注重培养学生的解决问题的能力。在高中化学学习中，教师可以通过引导学生进行实验设计、数据分析和推理等活动，培养学生的观察、思考和解决问题的能力。学生在解决具体化学问题的过程中，不仅可以掌握具体的知识内容，更能够培养批判性思维和创新性思维。

发展创新思维能力。素养本位教学倡导培养学生的创新意识和创新能力。在高中化学学习中，教师可以引导学生进行科学研究和实践探究，鼓励他们提出自己的想法、独立设计实验方案，并进行创新性的解释和分析。这种创新思维的培养可以激发学生的创造力和创新潜能，提升学生在化学领域的综合能力。

培养合作与沟通能力。素养本位教学强调合作学习和团队合作精神。在高中化学学习中，教师可以通过小组讨论、实验项目等方式，培养学生的合作与沟通能力。学生需要与其他成员进行有效的合作和协商，共同解决问题，并对他人的观点进行思考和反馈。这种合作与沟通的能力培养不仅有助于学生的化学学习，还对其将来的社会交往和职业发展具有重要意义。

（二）培养学生的综合素养

科学素养。素养本位教学注重培养学生的科学素养，使学生具备科学思维和科学方法。在高中化学学习中，学生需要学习科学知识，理解科学原理和理论，并能够将其应用于实际问题的解决。通过素养本位教学，学生能够培养科学思维的习惯和态度，包括质疑精神、实证主义、逻辑推理等，从而提高学生的科学素养。

文化素养。素养本位教学强调培养学生的人文关怀和社会责任感。在高中化学学习中，教师可以引导学生思考化学问题与社会、环境以及可持续发展之间的关系。学生需要认识到科学知识与社会的相互作用，关注科技发展对环境和人类生活的影响，从而培养学生的文化素养。

信息素养。素养本位教学注重培养学生获取、评估和利用信息的能力。在高中化学学习中，学生需要学习如何使用图书馆、网络和其他资源获取相关化学信息，并能够评估其可靠性和适用性。通过素养本位教学的引导，学生能够培养批判性思维和信息处理能力，掌握、获取和利用化学信息的技能，提高学生的信息素养。

总结来说，素养本位教学对学生高中化学学习效果具有积极的影响。通过培养学生的综合能力，包括问题解决能力、创新思维能力和合作与沟通能力，学生能够在高中化学学习中有更出色的表现。同时，素养本位教学也能够培养学生的综合素养，如科学素养、文化素养和信息素养等，提升学生的整体素质和发展潜力。因此，素养本位教学可为学生提供全面的学习支持，促进其在高中化学学习中取得良好的学习效果。

## 三、激发学生的创造思维和批判性思维

素养本位教学对学生高中化学学习效果的影响主要体现在激发学生的创造思维和批判性思维方面。下面将详细探讨这两个方面的影响。

### （一）激发学生的创造思维

提出开放性问题。素养本位教学鼓励学生提出自己的问题和观点，在高中化学学习中，教师可以引导学生思考开放性问题，激发他们的创造思维。通过解决实际问题和参与实验设计，学生需要运用创造性思维来寻求新的解决方案，培养其独立思考和创新能力。

进行科学研究和实践探究。素养本位教学倡导学生进行科学研究和实践探究，高中化学学习也可以采取这种方式。学生可以选择研究课题、设计实验方案，并进行数据分析和探索。这样的学习方式能够培养学生的创造性思维和实践能力，激发他们的好奇心和创新意识。

鼓励多元化的解决方案。素养本位教学强调培养学生接受和尊重多种解决方案的能力，在高中化学学习中也是如此。教师可以鼓励学生提供不同的解决方案，并从中选择最合适的方法。这样的学习过程能够培养学生的创造性思维，使他们在化学学习中展现出独特的见解和创新的思考方式。

### （二）激发学生的批判性思维

提出问题和质疑。素养本位教学鼓励学生主动提出问题和进行质疑，高中化学学习也可以借此培养学生的批判性思维。学生需要对所学的化学知识进行

思考和分析，提出自己的观点并进行合理的论证。通过批判性思维的运用，学生可以深入理解化学原理、发现知识的局限性，并形成自己独立的思考方式。

进行实验设计与数据分析。素养本位教学注重培养学生的实验设计和数据分析能力。在高中化学学习中，学生需要设计实验来验证假设，并根据实验结果进行数据分析和解释。这个过程需要学生进行批判性思考，对实验结果进行评估并提出合理的结论。通过批判性思维的锻炼，能够培养学生分析问题、评估信息和做出决策的能力。

进行科学文章阅读与评价。素养本位教学鼓励学生阅读科学文献，并进行评价和讨论。在高中化学学习中，学生可以接触到各种科学文章和研究成果，通过对相关文献的阅读和分析，发展批判性思维，他们需要评估文献的可靠性、准确性和适用性，形成自己对某一领域的批判性思考和意见。这样的学习过程能够培养学生对科学知识的理解能力和评估能力，提高他们的批判性思维水平。

总结来说，素养本位教学对学生高中化学学习效果的影响在于激发学生的创造性思维和批判性思维。通过提出开放性问题和挑战，进行科学研究和实践探究以及鼓励多元化的解决方案，学生的创造性思维得到了培养和发展。而通过提出问题和质疑，进行实验设计与数据分析以及进行科学文章阅读与评价，学生的批判性思维得到了锻炼和提升。这些思维能力的培养不仅有助于学生在高中化学学习中取得更好的成绩，还能够为他们今后的学习和职业发展奠定坚实的基础。因此，素养本位教学在促进学生高中化学学习效果方面起到了重要的推动作用。

## 四、促进学生的合作与沟通能力

素养本位教学对学生高中化学学习效果的影响主要体现在促进学生的合作与沟通能力方面。下面将详细探讨这一方面的影响。

（一）促进学生的合作能力

小组合作学习。素养本位教学强调小组合作学习，鼓励学生通过彼此合作来共同解决问题和完成任务。在高中化学学习中，教师可以组织学生进行小组活动，例如小组讨论、实验项目等。通过小组合作学习，学生需要相互协作、分工合作，培养他们的团队合作精神和协作能力。

共同解决复杂问题。素养本位教学注重培养学生解决复杂问题的能力。在高中化学学习中，教师可以提出具有挑战性的问题，鼓励学生在小组内共同思考和解决。学生需要相互交流、分享观点和经验，共同思考问题的不同方面，并找到最佳的解决方案。这样的学习过程能够培养学生的合作能力和团队合作意识。

互助学习和互补技能。素养本位教学倡导学生互相帮助和互补技能。在高中化学学习中，学生具有不同的专长和能力。教师可以引导学生相互合作学习，互相补充和分享知识。通过互助学习，学生能够培养关心他人、兼容并蓄的品质，同时也能够提高自己的理解和表达能力。

（二）促进学生的沟通能力

学术讨论和表达。素养本位教学鼓励学生进行学术讨论和表达。在高中化学学习中，学生需要参与课堂讨论、小组交流等活动，表达自己的观点和想法。通过这样的沟通过程，学生能够提升自己的口头表达能力，学会清晰地传达自己的想法和观点，并且能够聆听他人的意见和建议。

科学报告和展示。素养本位教学强调学生进行科学报告和展示。在高中化学学习中，学生需要准备和呈现科学实验报告、研究成果等。通过这样的沟通方式，学生能够提高自己的书面表达能力，学会组织和整理信息，并能够向他人清晰地展示自己的学习成果。

合作解决问题的思考与讨论。素养本位教学强调学生在合作解决问题的过程中进行思考和讨论。在高中化学学习中，学生需要与小组成员共同讨论和解决问题，在这个过程中不仅能够培养学生的沟通能力，也能够促进他们的批判性思维和解决问题的能力。

通过促进学生的合作与沟通能力，素养本位教学对学生高中化学学习效果产生了积极的影响。学生在合作学习中培养了团队合作精神，学会协作和分工合作；通过共同解决复杂问题，学生锻炼了合作思维和团队协作能力；在互助学习和互补技能的过程中，学生提高了关心他人和分享知识的品质。同时，通过学术讨论和表达，学生提升了口头表达能力和聆听他人意见的能力；科学报告和展示锻炼了学生书面表达能力和信息整理能力；在合作解决问题的思考与讨论中，培养了学生沟通能力和批判性思维能力。

这些促进学生合作与沟通能力的教学方法和活动不仅仅帮助学生在化学学习中取得好成绩，更重要的是为他们今后的学习和职业发展打下坚实的基础。合作与沟通是现代社会所必需的核心能力，在解决问题、创新、团队合作等方面具有重要作用。因此，素养本位教学对学生高中化学学习效果的影响在于促进学生的合作与沟通能力，培养他们全面发展所需的重要能力。

## 五、提升学生的问题解决能力和实践能力

素养本位教学对学生高中化学学习效果的影响主要体现在提升学生的问题解决能力和实践能力方面。下面将详细探讨这两个方面的影响。

### （一）提升学生的问题解决能力

引导学生主动提出问题。素养本位教学鼓励学生主动思考和提出问题，而不仅仅是机械地接收知识。在高中化学学习中，教师可以通过启发式教学方法引导学生思考问题的来源、背后的原理和可能的解决方案。这样的教学方式能够培养学生提出问题、分析问题和解决问题的能力。

鼓励学生运用多种思维策略。素养本位教学注重培养学生灵活运用不同的思维策略来解决问题的能力。在高中化学学习中，学生会遇到各种复杂的化学问题，如反应机制、化学平衡等。教师可以引导学生运用不同的思维模式，如归纳与演绎推理、类比推理、概念映射等，来解决这些问题。这样的学习过程能够培养学生的问题解决能力和创造性思维。

提供实践与应用机会。素养本位教学强调学生在实践中学习。在高中化学学习中，教师可以提供实验、模拟、案例分析等实践机会，让学生通过亲身体验去解决现实化学问题。通过实践与应用，学生将学习到的知识转化为实际应用的能力，培养他们独立思考和解决问题的能力。

### （二）提升学生的实践能力

进行实验设计与实践操作。素养本位教学强调学生应进行实验设计和实践操作。在高中化学学习中，学生需要根据实验目的和要求设计实验方案，选择

合适的实验条件和仪器设备，并进行实验操作和数据处理。这样的学习过程培养了学生系统思考、实验技巧和数据分析的能力，提高了他们的实践能力。

科学文章阅读与评价。素养本位教学鼓励学生阅读科学文章并进行评价和探究。在高中化学学习中，学生需要阅读相关领域的科学文献，并对其进行评价和分析。通过阅读科学文章，学生能够了解最新的研究进展、扩展知识面，并培养他们批判性思维和科学素养。

参与科学研究项目。素养本位教学鼓励学生参与科学研究项目。在高中化学学习中，学生可以选择自己感兴趣的课题，进行独立或团队的科学研究。通过参与科学研究项目，学生将学习到科学方法、实验技术和数据处理等实践技能，培养他们的科学研究能力和创新意识。

通过提升学生的问题解决能力和实践能力，素养本位教学对学生高中化学学习效果产生了积极的影响。学生在问题解决能力方面，通过主动提出问题、运用多种思维策略和实践与应用机会的培养，能够更好地理解和应用化学知识，培养独立思考和解决问题的能力。在实践能力方面，通过进行实验设计与实践操作、科学文章阅读与评价以及参与科学研究项目，学生能够加深对化学实践的理解，提高实验技巧和数据分析能力，增强科学素养和创新意识。

这些实践教学方法和活动不仅提升了学生的学习成绩，更重要的是培养了他们的实际应用能力和解决现实问题的能力。在未来的职业发展和社会生活中，学生将能够更好地应对复杂的化学问题和挑战，并具备创新和解决问题的能力。因此，素养本位教学对学生高中化学学习效果的影响在于提升学生的问题解决能力和实践能力，为他们全面发展所需的重要能力打下坚实基础。

## 第三节　学生对素养本位教学的反馈与意见收集

### 一、反馈的重要性

（一）学生对素养本位高中化学教学的反馈与意见收集的重要性

提供改进教学的依据。收集学生的反馈和意见可以了解他们对教学内容、教学方法和学习环境等方面的看法。通过了解学生的真实感受和需求，教师可以及时调整课程设置、优化教学方法和提供更好的学习支持。学生的反馈和意见可以作为改进教学的重要依据，帮助教师不断提高教学质量和满足学生的学习需求。

增强学生主体性和参与度。学生的反馈和意见收集过程是一种以学生为中心的教学模式，它能够增强学生的主体性和参与度。学生被赋予表达自己意见和建议的权利，这使他们感到被尊重和重视。这有助于激发学生的学习积极性，培养他们主动思考、独立学习和合作探究的能力。

促进与教师的互动与沟通。通过收集学生的反馈和意见，教师可以与学生进行更深入的互动与沟通。教师可以针对学生的问题和困惑提供解答和指导，加强师生之间的交流与互动。这种互动与沟通有助于建立良好的师生关系，增强学生的学习动力和信心。

个性化教学的实施。通过收集学生的反馈和意见，教师可以更好地了解学生的学习特点和需求，从而进行个性化教学。不同学生具有不同的学习风格、兴趣爱好和学科优势，教师可以根据学生的反馈和建议，调整教学策略和内容，满足学生的个性化学习需求，提高学习效果。

（二）收集学生的反馈与意见对于素养本位高中化学教学的改进和优化具有重要影响

优化教学内容和方法。通过学生的反馈与意见，教师可以及时了解到学生对于教学内容的理解程度和难点，以及对教学方法的评价和建议。教师可以根据学生的反馈进行课程调整和改进，提供更符合学生需求和学科发展的教学内容和方法。

提高学生的学习动力和参与度。学生的反馈与意见收集过程能够增强学生的主体性和参与度，提高他们对学习的积极性和投入度。学生感受到他们的声音被重视，他们会更加关注自己的学习成果和进步，积极参与到教学活动中。

建立良好的师生关系。通过收集学生的反馈与意见，教师能够更好地了解学生的需求和困惑，并给予及时的指导和支持。这有助于建立良好的师生关系，增强学生对教师的信任和尊重，提高教学的效果和满意度。

个性化教学的实施。学生的反馈与意见可以帮助教师更好地了解每个学生的学习特点和需求，从而进行个性化教学。教师可以根据学生的反馈和建议，调整教学策略和内容，针对不同学生的学习特点提供个性化的指导和支持，提高学生的学习效果和满意度。

## 二、反馈的收集方式

（一）定期问卷调查

1.定期问卷调查的重要性

匿名性和客观性。定期问卷调查能够保证学生在提供意见和反馈时的匿名性，这样可以使学生更加自由地表达自己的真实想法。同时，匿名也能确保调查结果的客观性，因为学生不用担心批评或报复的可能性，他们会更加坦诚地提供意见和建议。

全面了解学生需求。通过定期问卷调查可以全面了解学生对教学内容、教学方法、学习资源等方面的需求和反馈。教师可以获得不同学生的意见和看法，并从中发现他们的共同关注点和问题。这有助于教师根据学生的需求进行调整和改进，提供更好的教学体验和学习支持。

提供数据依据。定期问卷调查可以提供大量的数据，包括学生的满意度、对教学质量的评价、对教师的反馈等。这些数据可以为教师的决策和改进提供依据，有助于量化评估教学效果和学生满意度，并进行比较分析。

促进师生沟通。通过定期问卷调查，教师可以主动与学生沟通，了解他们的问题和需求，对学生的反馈进行解释和回应。这种交流能够增强师生之间的互信和合作关系，为教师提供更好的指导和支持。

2.实施步骤

设计问卷。在设计问卷时，需要考虑问题的清晰性、简洁性和相关性。可以结合教学内容、教学方法和学习环境等方面设计问题，既包括选择题和填空题，也可以包括开放性问题，以便学生发表自己的看法和提出建议。

分发问卷。将设计好的问卷分发给学生，并说明完成问卷的目的和重要性。可以选择在线问卷工具或打印纸质问卷两种方式，确保学生能够方便地参与调查。

数据收集和分析。收集学生的问卷后，进行数据整理和分析。可以使用统计软件或电子表格来处理数据，对不同问题的回答进行汇总和统计，计算百分比或平均值等。

解释和反馈结果。根据数据分析的结果，可以编写报告或制作简洁的图表，将结果呈现给学生并解释调查结果。可以组织座谈会或班会等形式，与学生共同讨论和思考如何改进教学，并回应学生的关切和问题。

3.定期问卷调查的利与弊

（1）利

能够收集大量学生的意见和反馈，全面了解他们对教学的认知和需求。

可以提供客观的数据依据，为教师的决策和教学改进提供支持。

促进教师与学生的交流和互动，增进师生之间的互信和合作。

（2）弊

问卷调查可能无法覆盖所有学生，特别是那些不愿意参与或没能参与的学生。

学生有时可能会提供不准确或模棱两可的回答，导致数据的可靠性受到影响。

只依靠定期问卷调查可能无法深入探讨学生的反馈和想法，因为问卷通常是标准化和结构化的形式，无法全面了解学生的具体情况。

总而言之，定期问卷调查是一种收集学生的意见和反馈的重要的方式。它能够提供大量的数据和信息，帮助教师了解学生的需求、评估教学效果，并作出相应的改进和调整。然而，为了更好地收集学生的反馈，教师还应该采取其他多样化的方式，如小组讨论、个别交流等，以得到更全面和深入的了解。同时，重要的是教师需要积极倾听学生的声音，并将其作为教学改进的重要参考，不断优化教学过程，提高学生的学习体验和成果。

（二）小组讨论和反馈会议

反馈的收集方式中，小组讨论和反馈会议是一种有效的方法，可以促进学生之间的互动和交流，并提供机会让他们分享自己的意见和建议。下面将详细讨论该方式的重要性、实施步骤以及利与弊。

1.小组讨论和反馈会议的重要性

促进学生参与和表达。小组讨论和反馈会议能够激发学生的积极性和参与度，使他们有机会表达自己的意见、思考和看法。学生可以在讨论中相互交流，分享自己的观点和经验，从而培养批判性思维和合作探究能力。

深入了解学生需求。通过小组讨论和反馈会议，教师可以深入了解学生对教学内容和方法的理解和感受，发现学生的问题和困惑。与传统的问卷调查相比，这种方式更加灵活和个性化，能够更好地捕捉到学生的真实反馈。

实时解决问题和困惑。小组讨论和反馈会议提供了一个及时解决学生问题和困惑的平台。教师可以现场回答学生的疑问，给予针对性的指导和支持，帮助学生克服困难，提高学习效果。

增进师生关系。通过小组讨论和反馈会议，教师能够与学生建立良好的师生关系。教师倾听学生的意见和需求，积极回应学生的问题和建议，使学生感受到被尊重和关注，增强师生之间的互信和合作。

2.实施步骤

设定目标。在组织小组讨论和反馈会议之前，教师需要明确会议的目标和议题。这可以是针对特定主题进行深入讨论，也可以是整体的教学反馈和建议收集。

组织小组。根据班级规模和组织需求，将学生分成小组，每个小组成员具有一定的代表性。可以根据学生的学习风格、知识水平或其他因素来分组，以确保在讨论中获得多样化的观点。

提供指导和结构。在小组讨论和反馈会议之前，教师可以为学生提供一些指导和结构，明确讨论的议题和设置时间限制。这有助于保持讨论的重点和有效性。

进行小组讨论。在会议中，学生可以自由讨论特定的问题或话题。教师可以充当引导者的角色，提出问题和观点，并鼓励学生积极参与。同时，教师也要聆听学生的意见和建议，并提供必要的指导和回应。

分享和总结。每个小组在讨论过程结束后，可以派出代表分享他们的讨论结果和观点。教师可以记录下学生的意见和建议，并进行总结，以便作为后续教学改进的参考。

3.小组讨论和反馈会议的利与弊

（1）利

促进学生参与和表达，培养批判性思维能力和合作探究能力。

提供深入了解学生需求的机会，捕捉到学生的真实反馈。

实时解决问题和困惑，提供个性化的指导和支持。

增进师生关系，建立良好的互信和合作。

（2）弊

需要投入较多时间和资源来组织和进行小组讨论和反馈会议。

学生参与程度可能有差异，部分学生可能不太愿意发言或表达自己的观点。

可能存在一些羞怯或担忧，导致学生不敢在集体讨论中表达自己的真实想法。

总而言之，小组讨论和反馈会议是一种有效的收集反馈的方式。它可以促进学生积极参与和表达，深入了解学生的需求，并及时解决问题和困惑。然而，教师在组织和引导讨论时需要注意平衡每个学生的参与度，并提供指导和支持，以确保讨论的有效性和高质量。同时，教师还应该通过其他方式收集反馈，以获得更全面和多样化的意见和建议，从而更好地改进教学，提高学生的学习体验和成果。

（三）学生日记和反思

在反馈的收集方式中，学生日记和反思是一种有效的方法，可以帮助学生记录和总结学习过程中的经验和感悟，并提供机会让他们反思自己的学习成果和发展方向。下面将详细讨论该方式的重要性、实施步骤以及利与弊。

1.学生日记和反思的重要性

个人反思和成长。学生通过写日记和反思可以回顾和反思自己的学习过程，包括所学知识的理解和应用、学习方法和策略的效果等。这有助于帮助学生认识到自己的优点和不足，并寻找改进的方向，促进个人的成长和发展。

深化对学习内容的理解。通过写日记和反思，可以进一步加深学生对学习内容的理解和巩固。在写作过程中，学生需要将所学知识进行整理和归纳，从而加深对知识的理解，提高学习效果。

自主学习和批判思维能力的培养。学生通过写日记和反思，可以增强学习的主动性和自主性。他们需要思考和分析自己的学习情况，提出问题和观点，并展示批判性思维能力。这对于培养学生的自主学习和批判性思维具有重要意义。

促进与教师的交流和互动。学生的日记和反思也为学生与教师之间的交流提供了一个机会。学生可以将自己的反思分享给教师，通过与教师的沟通和讨论，获得更深入的指导和支持，提高学习的效果。

2.实施步骤

设定目标。学生在写日记和反思之前，需要明确写作的目标和内容。这可以是关于特定的学习任务或课程，也可以是针对整个学习过程的总结和反思。

提供指导和内容结构。教师可以提供一些指导和内容结构，帮助学生进行写作。这包括问题引导、写作要求和格式等，以确保学生能够有条理地进行反思和表达。

鼓励自由表达和探索。学生需要被鼓励自由表达和探索，不受限于特定的答案或结论。他们应该有权利表达自己的真实想法和感受，并通过写作来探索和发展。

提供反馈和指导。教师可以定期阅读学生的日记和反思结果，提供针对性的反馈和指导。这可以是口头或书面的回应，以帮助学生进一步改进和发展。

3.学生日记和反思的利与弊

（1）利

帮助学生个人反思和成长，促进自主学习和批判思维能力的培养。

加深对学习内容的理解和巩固，提高学习效果。

促进学生与教师之间的交流和互动，获得更深入的指导和支持。

（2）弊

学生参与程度可能有差异，部分学生可能对写作不太感兴趣或有困难。

学生的日记和反思可能存在个人主观性，评估的客观性受到影响。

需要一定的时间和精力来阅读和提供反馈，对教师而言操作具有一定难度。

总结起来，学生日记和反思是一种有效的收集反馈的方式。通过写作，学生可以进行个人反思和成长，加深对学习内容的理解，培养自主学习和批判思维能力，并促进与教师之间的交流和互动。然而，教师需要注意引导和支持学生在写作中的表达和探索，同时也应该意识到学生参与程度和反思的客观性等问题。通过合理的指导和处理，学生日记和反思可以成为一个宝贵的工具，推动学生的学习发展和提高教学效果。

（四）教师学生面谈

反馈的收集方式中，教师学生面谈是一种直接而有效的方法，可以促进教师与学生之间的沟通和交流，了解学生的学习情况、需求和问题，并及时提供个性化的指导和支持。下面将详细讨论该方式的重要性、实施步骤以及利与弊。

1.教师学生面谈的重要性

个性化关注和指导。通过面谈，教师能够更加全面地了解学生的学习情况、兴趣和困难，从而提供个性化的关注、指导和支持。教师可以根据学生的需求和个体差异，给予针对性的建议和帮助，帮助学生克服困难，提高学习效果。

建立正向关系和信任。面谈为教师和学生之间建立积极的关系和互信提供了机会。通过面对面的交流，教师能够展示对学生的关心和关注，表达对学生的支持和期望，从而增强学生的动力和自信心。

及时解决问题和困惑。面谈可以帮助教师及时发现学生的问题和困惑，并提供即时的解答和指导。学生可以在面谈中直接向教师提出问题，教师也可以针对学生的需要给予具体的帮助和建议，提高学习效果。

促进学生自主性和责任感。面谈鼓励学生主动参与和反思自己的学习过程。学生在面谈中有机会表达自己的观点和需求，思考自己的学习目标和方法，并承担起自己的学习责任，提高自主学习能力。

2.实施步骤

确定目标和议题。在进行面谈之前，教师需要明确面谈的目标和议题。可以是关于学业进展、学习兴趣、学习困难等方面的讨论，以便更好地了解学生的需求和问题。

安排面谈时间和地点。教师需要与学生预约面谈的时间和地点。确保选择一个安静舒适的环境，以便进行有效的交流和讨论。

创建宽松的氛围。在面谈开始前，教师应该创造一种宽松和信任的氛围。

引导学生放松心态，鼓励他们自由表达、提问和反思。

进行面谈交流。在面谈中，教师应该倾听学生的意见、需求和问题，并给予积极的回应与建议。同时，教师也可以分享自己的观点和期望，引导学生思考和反思学习过程中的优点和改进方向。

总结和跟进。面谈结束后，教师可以对面谈内容进行总结，并制定后续的行动计划和跟进措施。确保所讨论的问题得到及时解决和处理，为学生提供必要的支持和指导。

3.教师学生面谈的利与弊

（1）利

提供个性化关注和指导，满足学生的个体需求。

建立正向关系和信任，增强学生的动力和自信心。

及时解决问题和困惑，提供即时的解答和指导。

促进学生自主性和责任感，培养自主学习能力。

（2）弊

需要投入较多时间和精力来进行面谈，特别是在学生人数较多的情况下。

学生可能因为羞怯或担忧而不愿意在面谈中主动表达自己的观点和需求。

面谈结果可能受到教师主观判断的影响，评估的客观性有限。

总结起来，教师学生面谈是一种直接而有效的收集反馈的方式，可以促进教师与学生之间的沟通和交流，了解学生的学习情况、需求和问题，并提供个性化的指导和支持。通过面谈，教师可以个性化关注学生，建立正向关系和信任，及时解决问题和困惑，并促进学生自主学习和责任感的培养。然而，教师需要注意克服学生可能的羞怯和担忧，确保面谈的开放和愉快氛围。同时，教师也应该意识到面谈时间和资源的限制，可能需要寻找其他方式补充和完善反馈收集的工作。通过合理的实施和处理，教师学生面谈可以成为一个有益的工具，提高教学效果和学生的学习体验。

（五）线上平台和电子调查工具的使用

反馈的收集方式中，线上平台和电子调查工具的使用是一种方便、高效且广泛应用的方法，可以帮助教师收集学生和其他相关群体的意见和反馈。下面将详细讨论该方式的重要性、实施步骤以及特点和优势。

1.线上平台和电子调查工具的重要性

方便灵活的数据收集。线上平台和电子调查工具可以随时随地进行数据收集，无需受到时间和空间的限制。教师可以根据需要创建调查问卷或反馈表，学生和其他参与者可以在任何时间、任何地点进行填写，提供便利的数据收集渠道。

匿名性和保密性。使用线上平台和电子调查工具进行反馈收集，可以保证参与者的匿名性和隐私保护。学生和其他群体可以更加自由地表达自己的意见和看法，不受他人评判或影响，提高反馈的真实性和有效性。

快速高效的数据处理和分析。通过线上平台和电子调查工具收集的数据可以直接导入电子系统中进行快速的数据处理和分析。教师可以利用数据分析工具对收集到的反馈进行定量和定性分析，从而得到更加全面和准确的结果，为教学改进和决策提供依据。

可视化呈现和分享。线上平台和电子调查工具可以将数据以图表、图像等形式进行可视化呈现。这样，教师可以直观地了解学生和其他参与者的反馈情况，方便与他人共享和讨论，促进交流和合作。

2.实施步骤

选择适合的线上平台和电子调查工具。根据需求和目标，教师可以选择适合的线上平台和电子调查工具，如问卷星、SurveyMonkey 等。考虑到易用性、功能性、数据安全等因素进行选择。

设计问题和调查表。根据所要了解的信息和反馈目的，教师需要设计相关的问题和调查表。确保问题清晰明确，不含歧义，并提供适当的选项和评分方式。

发布调查链接或邀请参与者。将设计好的调查链接通过线上平台发送给学生和其他参与者。或者通过邮件、即时通讯工具等方式邀请他们参与调查。确保参与者能够方便地访问和填写。

收集和整理数据。在一定时间内收集参与者的反馈数据，确保数据的完整性和准确性。将收集到的数据导入电子系统中进行整理和汇总。

数据分析和解读。利用数据分析工具对收集到的数据进行分析和解读。可以使用统计软件进行定量分析，同时结合学生的文字回答进行定性分析，得出有关学生反馈的信息和见解。

确定改进措施和结果分享。根据数据分析的结果，确定针对性的改进措施，并与学生和其他相关群体分享调查的结果和反馈。这有助于建立有效的学习反馈循环，提高教学质量和学生满意度。

3.线上平台和电子调查工具的特点和优势

方便快捷。线上平台和电子调查工具可以随时创建、发布和填写，无需纸质表格和传统调查方式的时间和空间限制。教师和学生可以在各自方便的时间和地点进行反馈收集。

匿名性和保密性。参与者可以选择匿名填写调查问卷或反馈表，保护个人信息和隐私。这样可以提高参与者的自由度和真实性，更加积极地表达意见和反馈。

易于分析和解读。收集到的数据可以直接导入电子系统进行整理、汇总和分析。通过数据分析工具，教师可以快速得出结论和见解，对学生的反馈进行定量和定性分析，并根据结果制定相应改进策略。

可视化展示和分享。线上平台和电子调查工具可以将数据以图表、图像等形式进行可视化呈现。教师可以直观地了解学生和其他参与者的反馈情况，方便与他人共享和讨论，促进交流和合作。

有效管理和追踪。使用线上平台和电子调查工具可以更好地管理和追踪反馈数据。教师可以轻松地查看参与者的填写情况和进度，并及时跟进未完成的反馈表。

# 第五章　素养本位教学下教师能力的提升与发展

## 第一节　教师素养提升的必要性与重要性

### 一、教师素养提升的必要性

适应现代化教学需求。随着科技的发展和社会的进步，教育环境与学生需求不断变化，传统的教学方式已经无法满足学生的学习需求。只有不断提升教师的素养，才能更好地适应现代化教学的需求，通过引导学生的主动学习和自主探究，培养学生的创新思维和解决问题的能力。

提高教学效果。高中化学教学需要准确深入的专业知识和教学技巧。只有具备扎实的学科知识和丰富的教学经验，教师才能够有效地传授化学知识，激发学生的学习兴趣和动力，提高教学效果，使学生在知识掌握和学科素养方面得到全面提高。

促进学生全面发展。素养本位教学注重培养学生的综合素养，包括学科知识、学习方法、思维能力、人际交往等方面。高中化学教师需要具备宽广的教育视野和跨学科的综合素养，通过引导学生掌握学科知识的同时，培养他们的创新思维、批判性思维和解决问题的能力，使学生在各个方面都得到全面的发展。

增加学生自主学习的能力。素养本位教学鼓励学生主动参与学习过程，培养学生自主学习的能力。高中化学教师需要具备启发式教学的能力，通过精心设计的教学活动和问题导向的学习，激发学生的自主学习兴趣和动力，使他们成为积极主动的学习者。

## 二、教师素养提升的重要性

素养本位教学是一种将学生的全面素养培养作为教育目标的教学方法，对于高中化学教师提升教学能力具有重要意义。本文将探讨素养本位教学下高中化学教师能力提升的重要性，并从知识更新、教学方法创新、学生发展和社会需求四个方面进行阐述。

首先，素养本位教学要求高中化学教师不仅具备扎实的学科知识，还要注重自身素养的提升，包括教育思想意识、教育规范意识、职业道德意识等方面。通过素养本位教学，教师能够加强自己的综合素养，提升教育专业水平，进而提高教育教学质量。

其次，素养本位教学强调学生的主体地位，要求教师转变传统的教学方式，积极引导学生参与学习过程，发挥主动性、创造性和批判性思维。教师需要不断学习和运用新的教学方法，如合作学习、问题解决、探究学习等，以适应现代化教育的发展需求。通过不断创新教学方法，高中化学教师能够提升自己的教学效果，激发学生的学习兴趣和动力。

第三，素养本位教学注重培养学生的全面发展，而高中阶段正是学生成长发展的关键时期。高中化学教师在素养本位教学中积极引导学生全面发展，不仅关注学科知识的传授，还培养学生的思维能力、创新能力、沟通能力等综合素养。通过与学生的深入互动，高中化学教师可以对学生进行个性化指导和支持，帮助他们形成积极健康的人格和价值观。

最后，社会对高中化学教师素养的要求也日益提高。随着社会的进步和经济的发展，未来的社会需要具备创新能力和实践能力的高素质人才。而高中化学教师作为学生的重要引路人，对其素养的要求相应增加。只有不断提升教师的素养，才能更好地适应社会需求，培养有能力、有担当、有创新精神的新一代青年。

# 第二节　教师素养提升的途径与方法

## 一、教师素养提升的途径

（一）深入学习专业知识和教学理论

1.参与专业培训和学术研讨会

高中化学教师可以积极参加各种形式的专业培训和学术研讨会。这些活动可以提供最新的教学理论和实践经验，帮助教师及时了解学科前沿知识和教育改革的动态。通过与其他教师的交流和分享，高中化学教师能够拓宽视野、增强教学思考，从而提升自身的教学素养。

2.阅读专业著作和期刊文章

高中化学教师应当广泛阅读有关化学教育的专业著作和期刊文章。这些著作和文章涵盖了丰富的教学经验、教育理论和教学方法，可以帮助教师深入理解专业知识和教学原理。通过阅读，高中化学教师可以不断吸收新的观点和思路，提升自己对教学的认识和把握。

3.参与教学研究

高中化学教师可以积极参与教学研究，将科研成果与教学实践相结合。他们可以选择开展小规模的教育实验或行动研究，以解决教学中的问题并提升教学效果。通过教学研究，高中化学教师能够加深对教学理论的理解，提高教学实践的科学性和有效性。

4.积极使用信息技术工具

在素养本位教学下，高中化学教师应当积极运用信息技术工具来拓展教学资源和教学手段。他们可以利用互联网、在线教育平台和教学软件等工具获取和分享优质的教学资源，扩大学生的学习空间和学习机会。同时，高中化学教师也可以利用信息技术工具进行教学设计和教学评估，提升教学效果和教学反思的能力。

5.与同行交流合作

高中化学教师可以积极与同行进行交流合作，共同探讨教学问题和教育改革。他们可以组建教研组或学科团队，共同研究课程标准、教学方法和评估方式等方面的问题。通过合作交流，高中化学教师能够从其他教师的经验中汲取营养，互相学习借鉴，不断提升自己的教学水平。

6.反思教学实践

高中化学教师应当定期对自己的教学实践进行反思和总结。他们可以回顾每一堂课的教学效果，分析自己的教学方法和策略是否有效，思考如何改进和创新。通过反思教学实践，高中化学教师可以不断优化自己的教学方式，提升学生的学习体验和学习成果。

综上所述，高中化学教师在素养本位教学下，深入学习专业知识和教学理论是提升素养的重要途径。他们可以通过参与专业培训和学术研讨会、阅读专业著作和期刊文章、参与教学研究、积极使用信息技术工具、与同行交流合作以及反思教学实践等方式来不断提升自己的教学素养。只有持续学习和不断更新教学理论知识，高中化学教师才能更好地适应教育改革的需要，为学生提供优质的教育服务。

（二）参加继续教育和培训课程

1.持续学习的重要性

跟随学科发展。化学是一个不断发展的学科，新的知识和理论不断涌现。高中化学教师需要及时了解最新的研究成果和教学方法，以便将其应用于教学实践中。

适应教育改革。教育领域不断变革创新，教学模式和评价方式也在不断更新。高中化学教师需要进行继续教育，以适应教育改革的需求，提高自身的教学水平。

2.参加继续教育和培训课程的途径

学校安排的内部培训。学校可以组织内部的教研活动、讲座和培训课程，为教师提供专业指导和分享经验的机会。高中化学教师可以积极参与这些活动，借鉴和学习同行的教学经验。

学科协会和教育机构提供的培训。学科协会、教育机构和培训机构通常会举办专业培训课程，面向教师提供学科知识、教学方法和评价技巧等方面的培训。高中化学教师可以关注这些机构的培训信息，并主动报名参加合适的培训课程。

在线教育平台和资源网站。现代技术使得在线教育平台和资源网站成为高质量的学习资源提供者。例如，Coursera、edX、MOOC 等平台可以提供丰富的学科课程和教育理论的学习机会。同时，一些教育资源网站（如“清华大学教育在线”）也为教师提供了相关的教育培训内容。

参与学术会议和研讨会。学术会议和研讨会是高水平的学术交流平台，可以分享最新的研究成果、教育理论和教学实践经验。高中化学教师可以积极参与这些会议，与同行进行深入的学术讨论和交流。

自主学习和研究。高中化学教师可以根据自己的兴趣和需求，自主选择相关领域的书籍、期刊文章进行研读。同时，利用互联网资源和开放学习资源，进行自主学习和研究，扩展自己的知识广度和深度。

3.继续教育和培训的效益

专业知识更新。参加继续教育和培训课程可以帮助高中化学教师更新专业知识，了解最新的研究成果、教材和教学方法。通过深入学习和掌握专业知识，教师可以提升自己的教学水平和学科素养。

教学理念和方法更新。继续教育和培训课程可以引导高中化学教师对教学理念和方法进行反思和更新。教师可以从培训中获得新的教学策略和实践经验，并将其应用于实际教学中，提高教学效果。

交流合作机会。参加继续教育和培训课程可以与其他教师进行交流和互动，分享教学经验和教育观念。这种交流和合作可以促进教师之间的相互学习和借鉴，丰富教学经验，提升教学水平。

职业发展机会。持续学习和提高素养有助于高中化学教师的职业发展。教育部门和学校普遍重视教师的专业发展和素质提升，在评聘职称、岗位晋升和工资待遇等方面会给予相应的认可和激励。

综上所述，参加继续教育和培训课程是高中化学教师提升素养的重要途径。持续学习可以加强教师的专业知识、教学理念和教学方法，使其能够更好地适应教育改革和面对学生的学习需求。因此，高中化学教师应当积极参与各类继续教育和培训课程，不断提升自身的素养水平，提供更好的教育服务。

（三）积极参与教学研究和交流活动

在素养本位教学下，高中化学教师的素养提升可以通过积极参与教学研究和交流活动来实现。教学研究和交流是教师专业成长和提高的重要途径，通过这些活动，教师可以深入思考和探索教学问题，借鉴他人成功的经验，并不断改进和创新自己的教学方法。以下将详细阐述高中化学教师参与教学研究和交流活动的重要性和具体途径。

1.教学研究的重要性

反思教学实践。教学研究可以帮助高中化学教师对自己的教学实践进行反思和总结，了解学生的学习情况和需求，发现问题并寻找解决方案。

提高教学效果。通过教学研究，高中化学教师可以进行教学实验和比较研究，评估和优化自己的教学方法，以提高教学效果和学生的学习成绩。

探索创新教学策略。教学研究可以激发教师的创造力和创新意识，鼓励他们尝试新的教学策略和方法，为学生创造积极、有趣和有效的学习体验。

2.参与教学研究和交流活动的途径

学校内部的教研活动。学校可以组织教师间的教研活动，例如教学观摩、教学研讨会、教材评审等。高中化学教师可以积极参与这些活动，与同事分享教学心得和经验，相互学习和相互启发。

学科研究项目。高中化学教师可以主动参与学科研究项目，进行相关教育研究。这些项目通常由教育部门、学校或教育研究机构资助和支持，通过科学的研究方法和数据分析，提出改进教学的建议和措施。

参加学术会议和研讨会。学术会议和研讨会是教师进行学术交流和展示研究成果的重要平台。高中化学教师可以选择参加相关的学术会议和研讨会，向他人分享自己的教学经验和研究成果，与同行进行深入的学术讨论和交流。

发表教育文章和著作。高中化学教师可以将自己的教学心得和研究成果通过发表教育文章或出版著作的形式进行广泛传播。这不仅有助于与其他教师进行交流，还能够对更多的教师和学生产生积极的影响。

利用社交媒体和在线平台。现代技术提供了许多在线平台和社交媒体工具，可以帮助高中化学教师进行教学研究和交流。例如，在教育类微信公众号、知乎专栏、博客和教育社交媒体上发布教学心得和观点，与其他教师进行互动和讨论。

3.教学研究和交流的效益

提升教学质量。通过积极参与教学研究和交流活动，高中化学教师可以不断改进自己的教学方法，提高教学质量和学生的学习成绩。

学科素养提升。参与教学研究和交流活动可以拓宽教师的学科视野，了解最新的教育理论和实践，提高自身的学科素养水平。

丰富教学资源。通过与其他教师的交流和合作，高中化学教师可以获取更多的教学资源和教材，为自己的教学提供更多选择和灵感。

职业发展机会。积极参与教学研究和交流活动可以提升高中化学教师在职场上的竞争力，为自己的职业发展打下良好的基础。

综上所述，积极参与教学研究和交流活动是高中化学教师提升素养的重要途径。教学研究和交流能够帮助教师反思自己的教学实践，不断改进和创新教学方法，以提高教学效果和学生的学习成绩。因此，高中化学教师应当积极参与各类教学研究和交流活动，与他人分享和互相学习，不断提升自身的教学素养和专业水平。

（四）借鉴他人的教学经验和方法

在素养本位教学下，借鉴他人的教学经验和方法是高中化学教师提升素养的重要途径之一。通过借鉴他人的成功实践和教学策略，教师可以拓宽自己的教学思路，丰富自己的教学工具箱，并将其应用于课堂实践中。以下将详细介绍借鉴他人的教学经验和方法对高中化学教师素养提升的意义和实际操作。

1.借鉴他人教学经验和方法的意义

丰富教学思路。借鉴他人的教学经验和方法可以为高中化学教师提供更多的教学思路，打破自身的局限性，激发创新意识，开阔教学视野。

提高教学效果。借鉴优秀教师的教学方法和策略，帮助高中化学教师掌握更有效的教学手段，提高教学效果，促进学生的学习成果和满意度的提升。

减少教学试错。通过借鉴他人的教学经验和方法，可以避免或减少教学过程中的错误和不必要的尝试，节省时间和精力，更快地取得教学成果。

2.借鉴他人教学经验和方法的实际操作

观摩优秀教师的课堂。高中化学教师可以申请观摩其他优秀教师的课堂。通过仔细观察和记录，了解优秀教师的教学方式、教学内容和教学组织等方面，发现其中值得借鉴的经验和方法。

听取同行的意见和建议。高中化学教师可以与同行进行交流和讨论，分享教学经验和教学问题，并听取对方的意见和建议。通过与同行的互动和深入探讨，教师可以获得更多的启示和思考，从而提升自身的教学素养。

参加教师培训和研讨活动。教师培训和研讨活动是借鉴他人教学经验和方法的重要机会。参加这些活动，可以接触到各种教育专家和优秀教师，了解他们的教学理念、方法和实践，从中获取启发和灵感。

读教育类书籍和专业期刊。教育类书籍和专业期刊是了解他人教学经验和方法的重要来源。高中化学教师可以阅读相关的教育书籍和期刊，深入了解教学理论和实践，从中发现适合自己的教学思路和方法。

利用网络资源。互联网提供了丰富的教育资源，高中化学教师可以通过搜索引擎、在线教育平台和教育社交媒体等渠道，找到其他教师分享的教学经验和方法，获取优质的教育资源和案例。

（五）接受专业指导和评估

在素养本位教学下，接受专业指导和评估是高中化学教师提升素养的重要途径之一。通过接受专业指导和评估，教师可以获得专业人士的指导和建议，了解自身的教学优势和不足，并从中获取改进和提升的方向。以下将详细介绍接受专业指导和评估对高中化学教师素养提升的意义和实际操作。

1.接受专业指导和评估的意义

客观评估教学效果。接受专业指导和评估可以帮助高中化学教师客观评估自己的教学效果。专业人士可以提供独立、客观的观察和评价，从多个角度对教师的教学过程和教学结果进行全面分析，帮助教师发现不足之处，改善教学质量。

指导教学方法和策略。接受专业指导和评估可以为高中化学教师提供专业人士的教学方法和策略指导。专业人士可以根据教师的具体情况，给予有效的建议和指导，帮助教师掌握更科学、有效的教学方法，提高教学效果。

促进反思和自我提升。接受专业指导和评估有助于高中化学教师进行教学反思。通过专业人士的评估和建议，教师可以深入分析自己的教学过程和教学结果，发现问题所在，并积极寻求改进。这种反思和自我提升的过程可以帮助教师不断提高自身的教学素养和专业水平。

2.接受专业指导和评估的实际操作

寻找专业导师。高中化学教师可以主动寻找专业导师，请求其对自己的教学进行指导和评估。导师可以是具有丰富经验和专业知识的教育专家、教研组长或有一定权威性的教师。教师与导师可以定期交流和讨论教学问题，导师可以给予教师专业建议和指导，帮助教师提升教学素养。

参加教学观摩和教师培训。高中化学教师可以参加教学观摩活动和教师培训课程。通过观摩其他优秀教师的课堂，教师可以借鉴他们的教学经验和方法，并从中受到启发。教师培训课程则提供了专业指导和培训，帮助教师提升教学技能和教育理论水平。

提交课堂录像进行评估。高中化学教师可以将自己的课堂录像提交给专业人士进行评估。专业人士可以对录像进行细致观察和分析，评估教师的教学效果、教学方法和教学组织等方面，并给予针对性的建议和改进意见。教师可以通过专业评估了解自己的教学优势和不足，并针对性地进行改进和提升。

参与学科组和教研活动。高中化学教师可以积极参与学科组和教研活动。在学科组的交流会议和教研活动中，教师可以与同行分享教学经验和问题，互相评估和指导，共同促进教学素养的提升。同时，学科组长和主题组长等可以给予教师专业指导和评估，帮助教师发现问题并提出改进方案。

3.接受专业指导和评估的效益

提升教学效果。接受专业指导和评估可以帮助高中化学教师更全面、客观地了解自己的教学效果，并根据评估结果进行调整和改进，从而提升教学效果。

促进个人成长。接受专业指导和评估可以使高中化学教师不断进行教育反思和自我提升，从而推动个人职业成长和专业发展。

增加专业认可度。接受专业指导和评估可以增加高中化学教师的专业认可度。通过接受专业人士的指导和评估，教师能够提升自身的教学素养和教育水平，进而赢得同行和学生家长的认可和尊重。

加强团队合作。接受专业指导和评估有助于教师之间的交流与合作。在专业指导和评估过程中，教师可以相互学习、借鉴教学经验和方法，促进团队合作与共同成长。

综上所述,接受专业指导和评估是高中化学教师提升素养的重要途径之一。通过接受专业人士的指导和评估，教师可以客观评估自己的教学效果，获得专业建议和指导，并通过反思和改进不断提升教学素养。这将有利于提高教学效果、推动个人成长、增加专业认可度和加强团队合作。因此，高中化学教师应积极主动地接受专业指导和评估，从中获取专业发展的动力和支持。

## 二、教师素养提升的方法

### （一）反思与自我评估

在素养本位教学下，反思与自我评估是高中化学教师提升素养的重要方法之一。通过反思和自我评估，教师可以深入思考自己的教学过程和效果，发现问题所在，并采取相应的改进措施。以下将详细介绍在素养本位教学中，如何进行反思与自我评估以提升高中化学教师的素养。

1.反思的意义

发现问题。教师通过反思，可以主动审视自己的教学实践，发现存在的问题和不足，从而寻求改进的方向。

加深理解。反思使教师对自己的教学内容、教学方法和学生的学习情况有更深入的理解，从而能够更有针对性地调整和优化教学。

反思促进成长。通过反思，教师能够不断修正自己的观念和认识，积极学习和适应新的教学理念和方法，从而促进个人的职业成长和专业素养的提升。

2.自我评估的意义

全面了解教学情况。通过自我评估，教师可以客观地评估自己的教学效果、教学方法和教学态度等方面的情况，了解自己的优势和不足。

确定改进方向。自我评估可以帮助教师明确自身需要改进的地方，并制定具体的改进计划和目标，从而持续提升教学素养。

增强自信心。通过自我评估，教师可以及时发现自身的进步和成就，从而增强自信心，更有动力去面对教学挑战。

3.反思与自我评估的实际操作

教学日志记录。教师可以每天或每周记录自己的教学情况和感受，包括上课内容、学生表现、教学效果等。同时，可以在教学日志中进行分析和反思，总结出教学中存在的问题和改进措施。

视频录像回放。将自己的课堂进行录像，并在课后回放观看。通过观看录像，可以客观地评估自己的教学过程和效果，发现教学中的不足，并寻求改进的方法。

学生评价反馈。向学生征询他们对教学的评价和意见。可以通过问卷调查、小组讨论或个别谈话等方式，了解学生对教师的认可度、教学方法的反应等，并将其作为改进教学的依据。

教师交流分享。与同事进行教学经验的交流与分享，互相提供反馈和建议。可以组织教研活动、参加学科组会议，亦或是定期与同事交流，共同探讨教学问题，并从中获取启发和帮助。

4.反思与自我评估的效益

提高教学质量。通过反思与自我评估，教师能够有针对性地调整和优化教学方法，从而提高教学质量，使学生更加主动、积极地参与学习，提升他们的学习成绩和兴趣。

促进个人成长。反思与自我评估是教师不断成长和发展的关键环节。通过反思和评估，教师能够深入分析自己的教学过程和效果，发现问题并寻求改进，从而推动个人职业成长和专业素养的提升。

增强自信心。通过反思与自我评估，教师可以及时发现自身的进步和成就，并增强自信心。这种自信心可以激励教师面对教学挑战，在教育教学事业中取得更好的成绩。

建立合作与交流机制。反思与自我评估促进教师之间的交流与合作。在交流与分享的过程中，教师可以互相学习、借鉴彼此的经验和方法，共同提高教学水平，形成合力。

（二）学习和应用新的教学技术和方法

在素养本位教学下，学习和应用新的教学技术和方法是高中化学教师提升素养的重要途径之一。随着教育环境和学生需求的变化，教师需要不断更新自己的教学理念和方法，以创造积极、富有挑战性且有意义的学习体验。以下将详细介绍在素养本位教学中，如何学习和应用新的教学技术和方法来提升高中化学教师的素养。

1.学习新的教学技术和方法的意义

适应教育变革。学习新的教学技术和方法可以帮助高中化学教师跟上教育领域的变革和发展，与时俱进，更好地适应学生的需求和学习方式。

提高教学效果。新的教学技术和方法通常具有更新的理论基础和实践经验，能够更好地激发学生的学习兴趣，提高教学效果。

增强教师影响力。通过学习和应用新的教学技术和方法，教师可以提供更多样化、个性化的学习体验，增强自己在学生中的影响力和声誉。

2.学习新的教学技术和方法的途径

专业培训与研修。参加专业培训和研修班是学习新的教学技术和方法的重要途径。通过参加相关的培训课程和研讨会，教师可以了解最新的教育理念、教学工具和方法，并与其他教师进行交流与分享。

学术研究与阅读。积极参与学术研究，关注教育期刊和学术论文的发表，是学习新的教学技术和方法的有效途径。教师可以通过阅读相关的教育研究成果，掌握最新的教学理论和实践经验，从中获取启发和借鉴。

在线资源与社交媒体。利用互联网资源和社交媒体平台，教师可以获得大量的教学资源和信息。例如，在线课程、教学视频、教学博客等都是学习新的教学技术和方法的宝贵资源。此外，教师还可以通过社交媒体平台与其他教师进行交流，分享教学经验和方法。

3.应用新的教学技术和方法的实际操作

小组合作学习。采用小组合作学习的方法可以激发学生的主动性和参与度。

例如，可以运用协作学习、问题解决学习等方法，让学生在小组中进行合作、讨论和互助，从而提高学生的学习效果。

利用多媒体资源。利用多媒体资源可以增加课堂的趣味性和互动性。教师可以使用投影仪、电子白板、教学软件等多媒体工具，展示化学实验视频、模拟软件等资源，帮助学生更直观地理解和掌握化学知识。

探究式学习。采用探究式学习的方法可以培养学生的科学思维和动手能力。教师可以设计一系列的实验和问题，引导学生主动探索和发现知识，激发他们的学习兴趣和创造力。

情境教学。应用情境教学可以将化学知识与实际生活情境结合起来，增加学习的实际意义和应用性。教师可以通过设计案例分析、问题解决等活动，让学生在真实的情境中运用所学知识，提高学习的有效性和可持续性。

反转课堂。采用反转课堂的方式可以提高学生的自主学习和合作学习能力。教师可以通过录制讲解视频或选择相关在线资源，让学生在家自主预习，并在课堂上进行深入的讨论和实践活动。

4.学习和应用新的教学技术和方法的效益

提升教学质量。学习和应用新的教学技术和方法可以使教学更具针对性和效果性，提升学生的学习兴趣和参与度。

个人成长与发展。通过不断学习和应用新的教学技术和方法，高中化学教师可以不断提升自己的专业知识和教学能力，促进个人成长和发展。

学生满意度提升。新的教学技术和方法能够更好地满足学生的学习需求，提高学生的满意度和学习成绩。

教师影响力增强。通过学习和应用新的教学技术和方法，教师可以提供更丰富多样化的学习体验，增强自己在学生中的影响力和声誉。

（三）不断更新教材和教具

在素养本位教学下，不断更新教材和教具是高中化学教师提升素养的重要方法之一。随着科学知识的不断发展和教学理念的更新，教师需要不断更新教材内容和采用先进的教学工具来适应教育环境的变化。以下将详细介绍在素养本位教学中，如何不断更新教材和教具来提升高中化学教师的素养。

1.更新教材的意义

与时俱进。教材的更新可以使教师与最新的知识和发展趋势保持同步。科学领域的知识不断更新，新的实验证明和研究成果需要反映在教材中，以保证教学内容的准确性和前沿性。

突出实践应用。更新教材可以更好地突出化学知识的实际应用，让学生能够将所学知识与实际问题联系起来，增强他们的学习兴趣和动机。

个性化教学。通过更新教材，教师可以更好地根据学生的需求和特点进行个性化教学。教材的多样性和灵活性可以更好地满足学生的学习需求，提高教学效果。

2.更新教材的途径

参与编写。教师可以积极参与教材的编写工作，将自己的教学经验和理念融入到教材中。通过参与编写教材，教师可以深入理解教材内容，掌握最新的知识和教学方法。

参加培训和研修。参加相关的培训和研修活动是了解最新教材的重要途径。教师可以通过参加相关的培训班、研讨会等活动，了解最新的教材标准和设计理念。

学术研究与阅读。积极参与学术研究，关注教育期刊和学术论文的发表，是了解最新教材的有效途径之一。教师可以通过阅读相关的教育研究成果，了解最新的教材编写理念和实践经验，从中获取启发和借鉴。

3.更新教具的意义

激发学生兴趣。采用先进的教学工具可以增加课堂的趣味性和互动性，激发学生的学习兴趣和积极性。通过直观、实践的教学工具，学生可以更好地理解和掌握化学知识。

提高教学效果。更新教具可以提供更多样化的教学手段和方法，增强学生的参与度和互动性。通过使用先进的教学工具，教师可以创造丰富多样的学习环境，提高教学效果。

在素养本位教学下，高中化学教师可以通过不断更新教材和教具来提升自身的教学素养。更新教材包括与时俱进地更新化学知识内容、突出实践应用以及个性化教学；而更新教具则可以激发学生的兴趣和参与度，提高教学效果。

为了更新教材，高中化学教师可以积极参与编写工作、参加培训和研修活动，以及进行学术研究和阅读。这些途径可以帮助教师了解最新的教材标准、设计理念和实践经验，从而更新自己的教材内容。

同时，为了更新教具，教师可以关注最新的教学工具技术和方法，如使用多媒体投影仪、实验设备、模拟软件等先进的教学工具。教师可以参与教学工具的研究和开发，或利用相关资源进行学习和更新。

总而言之，通过不断更新教材和教具，高中化学教师可以提升自己的教学素养，并为学生创造更有趣、互动性和实践性更强的学习环境。这将有助于提高学生的学习兴趣和参与度，以及教师的教学效果和影响力。

（四）积极参与教研活动和合作备课

在素养本位教学下，高中化学教师可以通过积极参与教研活动和合作备课来提升自身的教学素养。这些方法可以帮助教师不断学习、交流和反思，从而不断改进自己的教学方法和策略。以下将详细介绍在素养本位教学中，如何通过积极参与教研活动和合作备课来提升高中化学教师的素养。

1.参与教研活动的意义

学习和借鉴他人经验。参与教研活动可以让教师与他人分享教学经验和教学资源，从中学习和借鉴他人的成功经验和教学方法。

互相启发和提高认识。通过与同行进行深入的交流和讨论，教师可以得到新的启发和思路，提高对教学问题的认识和理解。

提高专业素养。参与教研活动可以促使教师深入思考和研究教学问题，增强自身的专业素养和教育理论基础。

及时了解教育动态。教研活动通常会涉及到最新的教育政策和理念，教师可以通过参与教研活动及时了解教育动态，提升自己的教学水平。

2.积极参与教研活动的途径

学校内部教研组织。教师可以积极参加学校内部的教研组织，如年级组、学科组等。这些组织通常会定期召开教研会议、座谈会等活动，教师可以在会上分享自己的教学心得和经验，并借此机会与其他同事进行交流和讨论。

学科教研网站和社群。利用互联网资源，教师可以加入学科教研网站和社群，与全国范围内的化学教师进行交流和分享。这些网站和社群通常提供各种教学资源和研究成果，教师可以从中获取启发和借鉴他人的经验。

参加研讨会和培训班。教师可以积极参加各类研讨会和培训班，这些活动通常由教育部门、高校或教育机构举办，旨在提升教师的专业素养和教学水平。教师可以在这些活动中与专家学者进行交流，并学习他们的研究成果和最新的教学理念。

3.合作备课的意义

共同解决问题。通过合作备课，教师可以与同事们共同解决教学中遇到的问题，互相帮助和支持。

互相借鉴优点。每个教师都有自己的教学特点和优点，通过合作备课，教师可以互相借鉴和学习他人的优点，从而提升自己的教学能力。

4.合作备课的途径

学校内部合作。教师可以与同学科的同事们进行合作备课。可以定期约定时间，共同讨论和准备教学内容，分享教案、教材和教学资源。

学科组内合作。在学科组织的指导下，教师可以与其他年级或学校的化学教师进行合作备课。可以通过线上平台或面对面会议等方式，共同研究教学计划、教学方法和教学资源。

参加研讨会和研究项目。教师可以参加研讨会和申请研究项目，与其他专家学者、教育学者进行合作备课。借鉴他人的经验和研究成果，共同探讨教学问题，并提出改进和创新的方案。

5.合作备课的技巧

沟通交流。合作备课需要良好的沟通交流能力。教师应积极表达自己的观点和想法，也要听取他人的意见和建议，保持开放的态度，建立互信和共识。

分工合作。合作备课中可以根据各自的专长和兴趣，分工合作。每个人可以负责特定的教学内容，然后共同讨论和整合。

共享资源。在合作备课中，教师可以共享自己的教学资源和教案。这样不仅可以节省备课时间，也能够提供更多样化的教学方法和材料。

反思评估。合作备课后，教师们应该共同进行反思和评估。讨论备课过程中的问题和挑战，总结经验教训，并提出改进方案。

（五）发展专业网络和社群

在素养本位教学下，高中化学教师可以通过发展专业网络和社群来提升自身的教学素养。随着互联网的快速发展，教师可以利用各种在线平台和社交媒体来建立专业网络和社群，与其他化学教师进行交流、分享和学习。以下将详细介绍在素养本位教学中，如何通过发展专业网络和社群来提升高中化学教师的素养。

1.发展专业网络和社群的意义

学习和借鉴他人经验。通过专业网络和社群，教师可以与全国范围内的化学教师进行交流和分享。这样可以了解其他教师的经验和教学方法，从中学习和借鉴他人的成功经验。

获取最新信息和资源。专业网络和社群通常提供各种教学资源和研究成果，教师可以从中获取最新的教学信息和资源。这包括教材、教案、实验设计、考试模板等，有助于教师提高教学质量和效果。

互相启发和提高认识。通过专业网络和社群的互动，教师之间可以分享观点、讨论问题和进行互相启发。这有助于提高对教学问题的认识和理解，以及拓宽教师的教育视野。

建立职业关系和合作机会。专业网络和社群的成员通常都是同一领域的专业人士，通过参与其中，教师可以建立广泛的职业关系，并获得合作研究或教学项目的机会。

2.发展专业网络和社群的途径

学科教研网站和社群。教师可以加入学科教研网站和社群，如教育局或学校组织的在线平台，或者是专门化学教师的微信群、QQ 群等。这些平台通常提供各种交流和学习的机会，教师可以在其中与其他教师进行互动和分享。

社交媒体和博客。教师可以使用社交媒体平台和个人博客来展示自己的教学经验和观点，与其他教师进行互动。在这些平台上，教师可以发布教学文章、上传教学视频，也可以关注其他教师的内容并进行评论和讨论。

参加研讨会和教育活动。教师可以积极参加各类研讨会、学术会议和教育活动。这些活动通常汇聚了大量的教育界人士，包括专家学者、教育官员和其他教师。通过与他们的交流和互动，教师可以建立专业网络和社群。

参与在线课程和教育项目。教师可以参与在线课程和教育项目，如慕课、教育平台等。这些项目提供了多样化的学习资源和交流机会，可以帮助教师扩展专业网络资源，并与其他教师进行深入的学术合作和讨论。

3.发展专业网络和社群的技巧

主动参与。教师要主动参与专业网络和社群，积极发表观点和分享经验。这样能够吸引其他教师的关注，建立起更广泛的交流和合作机会。

针对性搜索。教师可以有针对性地搜索和关注与自己教学领域相关的专业网络和社群。通过选择合适的平台和群组，可以更好地与同行们进行交流和互动。

积极评论和回应。在专业网络和社群中，教师可以积极评论他人的内容，提出问题或分享自己的见解。与他人的互动将促进更深入的讨论和思考。

定期更新和分享。教师应定期更新和分享自己的教学成果和研究成果。这不仅能够展示自己的专业素养，也能够为其他教师提供借鉴和参考。

通过发展专业网络和社群，高中化学教师可以获得更多的学习机会和资源，与其他教师进行深入交流和合作。这将丰富教师的教学经验和知识储备，提高教学效果和专业素养。同时，通过与其他教师的互动和合作，还可以为整个学科的发展和进步做出贡献。

（六）关注教育研究和教育政策的最新动态

在素养本位教学下，高中化学教师可以通过关注教育研究和教育政策的最新动态来提升自身的教学素养。了解和应用最新的教育研究成果和教育政策，有助于教师更新教学理念、改进教学方法，并更好地适应学生和社会的需求。以下将详细介绍在素养本位教学中，如何关注教育研究和教育政策的最新动态来提升高中化学教师的素养。

1.关注教育研究的最新动态

阅读学术期刊和研究论文。教师可以定期阅读相关学术期刊和研究论文，了解最新的教育研究成果。这些研究成果通常包括教学理论、教学方法、评估与反馈等方面的创新和发现，对教师提升教学能力很有帮助。

参与专业研讨会和研究项目。教师可以积极参与各类专业研讨会和研究项目。通过与其他教师、专家学者的交流与合作，了解和分享最新的教育研究动态，并将其运用到自己的实际教学中。

跟踪教育研究机构和教育网站。教师可以关注一些知名的教育研究机构和教育网站，如教育部门的官方网站、高校的教育学院网站等。这些机构和网站通常会发布最新的教育研究成果和动态，教师可以通过订阅或定期浏览来获取信息。

加入教师专业社群。教师可以加入各种教师专业社群，如微信群、QQ 群、在线论坛等。在这些社群中，教师可以与其他同行进行交流和讨论，分享教育研究成果和心得体会。

2.关注教育政策的最新动态

关注教育部门的政策法规。教师要定期关注所属地区教育部门发布的教育政策、法规和文件。了解教育政策的最新动态，有助于教师了解教学要求的变化，调整教学目标和方法。

参与教育政策研讨会和培训活动。教师可以积极参与各类教育政策研讨会和培训活动。这些活动通常由教育部门、教育机构或专业组织组织进行，提供最新的教育政策解读和实施指导。

加入教师工作组和职业协会。教师可以加入教师工作组或职业协会，了解并参与制定教育政策的过程。通过与相关部门和专业人士的合作，教师可以更好地把握教育政策的方向和实施策略。

关注教育新闻和媒体报道。教师可以关注教育新闻和媒体报道，了解最新的教育政策动态。这包括报纸、杂志、电视、网络等各种媒体渠道。同时，教师也可以参与相关的讨论和评论，发表自己的观点和建议。

通过关注教育研究和教育政策的最新动态，高中化学教师可以更好地把握教学趋势和需求，及时调整教学内容和方法，提高教学质量和效果。与此同时，教师还能够在专业领域中保持前沿的知识和观念，与其他教师进行交流和合作，共同推动教育的发展和进步。因此，关注教育研究和教育政策的最新动态对于高中化学教师的素养提升至关重要。

（七）提高自身沟通和人际关系技巧

在素养本位教学下，高中化学教师可以通过提高自身沟通和人际关系技巧来提升自己的教学素养。良好的沟通和人际关系能够建立良好的教师与学生、教师与家长之间的互信和合作关系，有助于有效的教学和学生成长。以下将详细介绍在素养本位教学中，如何提高自身沟通和人际关系技巧，以提升高中化学教师的素养。

1.提高沟通技巧

倾听和理解。教师应该注重倾听学生的声音，理解他们的需求和困惑。通过倾听和理解，教师能够更好地把握学生的学习情况和学习困难，对学生进行有针对性地进行辅导和指导。

清晰表达。教师需要能够清晰地表达自己的思想和教学内容。语言清晰简明，讲解条理清楚，有助于学生理解和吸收知识。

多样化的沟通方式。教师可以运用多种沟通方式，如面对面交流、书面交流、电子邮件等，根据不同情境和需求选择合适的沟通方式。同时，教师还可以利用现代技术手段，如电子白板、在线讨论平台等，创造更多的互动和参与机会。

掌握非语言沟通技巧。除了语言沟通，教师还应该注意非语言沟通的重要性。包括面部表情、肢体语言、眼神交流等方面的技巧，能够更好地传达自己的意图和情感。

2.建立良好的人际关系

尊重和关爱学生。教师应该尊重每位学生的个体差异，给予他们关怀和支持。通过建立积极正面的师生关系，教师能够更好地激发学生的学习兴趣和潜力。

积极与家长合作。教师应该与家长建立积极有效的合作关系。定期与家长进行沟通，分享学生的学习情况和需要改进的方面。通过和家长的密切合作，教师能够更好地支持学生的学习和发展。

同事间的合作与交流。与同事之间保持良好的合作与交流，能够共同学习、借鉴经验和分享资源。教师可以参加教研活动、职业发展培训等活动，与同行们面对面交流，互相学习和成长。

管理冲突和解决问题。在人际关系中难免会遇到冲突和问题。教师应该学会有效地管理冲突和解决问题，通过沟通、协商和妥协，寻求共赢的解决方案。

通过提高自身的沟通和人际关系技巧，高中化学教师能够更好地与学生、教师和家长建立良好的关系。这将有助于促进有效的教学和学习环境的建立，提高教师的教学素养和专业发展。

（八）不断提升自己的领导能力和教学管理能力

在素养本位教学下，高中化学教师可以通过不断提升自己的领导能力和教学管理能力来提高教师的素养。领导能力和教学管理能力是高中化学教师有效组织和管理教学工作的关键因素。以下将详细介绍如何通过提升领导能力和教学管理能力，来提升高中化学教师的素养。

1.提升领导能力

建立明确的愿景和目标。高中化学教师应该有明确的教育愿景和目标，并将其传达给学生和同事。这有助于激发学生的学习动力和团队的凝聚力。

激励和赋能学生。高中化学教师应鼓励学生发展自己的潜力，提供必要的支持和资源。通过激励和赋能学生，教师能够培养学生的自主学习能力和创造力。

建立积极的学习氛围。教师应创建一个积极、合作的学习环境，鼓励学生互相学习和分享。通过积极的学习氛围，教师可以更好地引领学生的学习兴趣和主动性。

指导和支持同事。高中化学教师作为团队的一员，应该指导和支持其他教师的发展。分享经验、资源和教学方法，促进共同成长。

2.提升教学管理能力

教学计划与组织。高中化学教师应制定合理的教学计划，安排课程内容和教学活动。同时，教师还需要合理组织教学资源和时间，确保教学进度和质量。

学生成绩分析与评估。教师应对学生的学习情况进行分析和评估，了解他们的优势和需求。通过及时调整教学策略和给予个性化的指导，帮助学生取得更好的学习成果。

管理课堂纪律和秩序。高中化学教师应建立良好的课堂纪律和秩序，营造良好的学习环境。通过有效的管理和规范，教师能够提高学生的学习效果和参与度。

资源管理与创新。教师需要善于管理和利用教学资源，包括教材、技术设备和网络平台等。同时，教师还应不断创新教学方法和手段，提供更丰富多样的学习体验。

除了提升领导能力和教学管理能力，高中化学教师还可以参与相关的培训和专业发展活动，如教师研讨会、教育研究和课程设计等。通过持续学习和反思实践，教师能够不断改进自己的教学方法和管理策略，提高教学质量和效果。

## 第三节　素养本位教学下教师角色与能力的转变策略

### 一、教师角色的转变策略

（一）由传授者转变为引导者

在素养本位教学下，教师的角色与能力发生了转变，从传授者转变为引导者。这种转变反映了对学生整体素养培养的重视和教育观念的变化。下面将详细阐述教师角色与能力的转变，并探讨素养本位教学背景下的教师作为引导者的重要性。

1.角色转变：从传授者到引导者

传授者的角色。在传统教学中，教师主要扮演知识的传授者角色。教师通过讲解、演示和指导，向学生传授知识和技能。教师起着主导作用，学生被动接受。

引导者的角色。在素养本位教学中，教师不再是单纯的知识传授者，更加注重学生的全面发展和自主学习。教师的角色更像是一个引导者，激发学生的学习兴趣和主动探索能力。教师通过引导、启发和激励，促使学生积极参与学习过程。

2.能力转变：从专业知识到教学技能

专业知识。传统教学中，教师的主要能力是掌握丰富的学科知识。教师需要深入了解学科的理论和实践，从而能够向学生传授正确的知识。

教学技能。在素养本位教学中，教师的能力不仅限于拥有专业知识，还需要具备一系列教学技能。这包括激发学生学习兴趣的能力、设计多样化的教学活动、引导学生分析和解决问题的能力等。

3.引导者的重要性

激发学生的主动性。作为引导者，教师通过激发学生的主动性，培养他们的自主学习能力。学生在积极参与学习过程的同时，也能够更好地发展创造力和批判思维能力。

培养全面素养。素养本位教学注重学生全面素养的培养，包括认知素养、情感素养、社会素养等。作为引导者，教师能够通过适当的引导和指导，帮助学生在各个方面得到全面发展。

个性化教育的实现。引导者的角色使得教师能够更好地了解学生的个体差异和需求。通过个性化的指导和支持，教师能够满足不同学生的学习需要，促进他们的个人成长。

4.如何成为优秀的引导者

建立互动与合作关系。引导者应与学生建立积极互动和合作关系。鼓励学生参与讨论、分享观点，激发他们的思维和创造力。

设计启发性学习任务。引导者应设计具有启发性的学习任务，鼓励学生主动探索和思考。这样可以培养学生的问题解决能力和创新思维能力。

提供及时的反馈和指导。引导者应提供及时、准确的反馈和指导，帮助学生理解和改进学习成果。这有助于激发学生的自信心和积极性。

不断学习和更新教育理念。作为引导者，教师需要不断学习和更新自己的教育理念和教学策略。关注教育前沿的研究和实践，掌握最新的教学方法和技术。

与同事合作共享经验。教师作为引导者，应与同事进行合作，共享经验和资源。通过合作交流，教师可以获得更多的启示和灵感，提升自身引导能力。

（二）由知识提供者转变为学习促进者

1.角色转变：从知识提供者到学习促进者

知识提供者的角色。在传统教学中，教师主要扮演知识提供者的角色。他们通过讲解和灌输知识，向学生传递所需的学科内容。教师以知识为中心，学生被动接受。

学习促进者的角色。在素养本位教学中，教师成为学习的促进者。他们鼓励学生积极参与学习过程，激发学生的学习兴趣和主动性。教师通过引导、启发和支持，帮助学生掌握学习方法和策略，提高他们的学习效果。

2.能力转变：从专业知识到学习指导

专业知识。传统教学中，教师需要具备丰富的学科知识，以确保知识的正确性和深度。这些知识提供了学习基础，使教师能够有效地传授给学生。

学习指导。在素养本位教学中，教师的能力不仅限于拥有专业知识，还需要具备学习指导的能力。教师应该熟悉各种学习方法和策略，能够根据学生的不同需求和特点，提供有效的学习指导。

3.学习促进者的重要性

激发学生的学习动力。作为学习促进者，教师能够激发学生的学习动力。通过启发性的问题、情境和活动，教师能够引导学生主动思考和探索，激发他们的学习兴趣。

培养自主学习能力。学习促进者注重培养学生的自主学习能力。他们鼓励学生独立解决问题，培养学生的批判思维和创新能力，使其能够更好地适应快速变化的社会。

发展综合素养。素养本位教学强调培养学生的综合素养，包括认知素养、创造力、沟通能力等。作为学习促进者，教师能够通过多样化的学习活动和任务，帮助学生在各个方面得到全面发展。

个性化学习的实现。学习促进者注重学生的个体差异和需求。他们能够根据学生的不同特点和学习风格，提供个性化的学习指导和支持，使每个学生都能够实现自身的学习潜能。

4.如何成为优秀的学习促进者

建立良好的师生关系。学习促进者应与学生建立良好的师生关系，倾听学生的声音，理解他们的需求和兴趣。通过积极的互动和支持，建立信任和合作的氛围。

设计启发性学习任务。学习促进者应设计启发性的学习任务，激发学生的思维和创造力。这些任务应该具有挑战性和实践性，能够培养学生的问题解决和批判思维能力。

提供个性化的学习支持。学习促进者应根据学生的不同需求和学习风格，提供个性化的学习支持。这可以包括针对性的辅导、反馈和指导，以及适应性的学习资源和工具。

激励学生的自主学习。学习促进者应激励学生主动参与学习，并培养他们的自主学习能力。鼓励学生制定学习目标、规划学习步骤，并在实践中培养自我调控和反思能力。

不断反思和专业成长。学习促进者应不断反思自己的教学实践，从中总结经验和教训。参加专业发展活动，与同行交流合作，更新教育理念和教学策略。

（三）由单一教学者转变为团队合作者

在素养本位教学下，教师的角色由单一教学者转变为团队合作者。这种转变体现了教师与其他教育工作者之间的密切合作和协同努力，以提供更全面、多样化的学习经验和支持。以下将详细探讨教师角色的转变，并探讨素养本位教学背景下教师作为团队合作者的重要性。

1.角色转变：从单一教学者到团队合作者

单一教学者的角色。在传统教学中，教师通常独立承担全部教学任务，包括课堂教学、学生评估等。教师在教学方面起主导作用，学生往往是接受教师指导的被动者。

团队合作者的角色。在素养本位教学中，教师不再是单一的教学者，而是与其他教育工作者合作，共同参与学生的教育过程。教师与教育管理者、教育专家、学生家长等形成合作关系，共同促进学生的全面发展。

2.团队合作者所应具备的能力

协作与沟通能力。团队合作者需要具备良好的协作与沟通能力，能够与不同背景、专业领域的教育工作者进行有效合作和交流。这有助于实现教育目标的共识与协调。

教学设计与资源整合能力。团队合作者应具备教学设计与资源整合能力，能够参与课程设计、教材选择等方面的决策，并将各种资源整合为有效的学习支持。

反思与专业发展能力。团队合作者应具备反思与专业发展的能力，通过反思实践经验，不断改进自己的教学方法与策略，提高专业水平。

领导与合作能力。团队合作者既需具备领导能力，能够在团队中起到组织、协调和推动的作用，又需具备合作能力，能够与团队成员建立良好的合作关系，实现共同目标。

3.团队合作者的重要性

提供全方位的学习支持。团队合作者能够从多个维度和角度提供学生所需的学习支持，包括教学内容、评估方式、心理辅导等方面，从而提升学生的综合素养。

结合多重专业知识与经验。团队合作者具备多样化的专业背景和经验，能够结合各自的专长和优势，为学生提供更丰富、多样化的学习体验和资源。

促进教育改革与创新。团队合作者通过合作与协作，能够推动教育改革与创新。他们可以共同研究、分享最新的教育理念、方法与技术，以应对不断变化的教育需求。

增强教学质量与效果。团队合作者的合作可以在教学中提供更精准、个性化的指导与支持，从而增强教学的质量和效果。他们通过相互协作、借鉴经验和分享资源，能够共同解决教学中的难题和挑战。

总之，在素养本位教学下，教师的角色由单一教学者转变为团队合作者。教师需要具备良好的协作与沟通能力，参与教学设计与资源整合，具备反思与专业发展能力，同时具备领导与合作能力。团队合作者能够提供全方位的学习支持，结合多重专业知识与经验，促进教育改革与创新，增强教学质量与效果。通过团队的合作与协作，教师可以更好地满足学生的多样化需求，推动学生的全面发展。

（四）由教育专家转变为学习伙伴

1.角色转变：从教育专家到学习伙伴

教育专家的角色。在传统教学中，教师通常被视为教育专家，拥有专业知识和经验，对学生进行教导和指导。教师在教学方面起主导作用，决定学习的内容和方式。

学习伙伴的角色。在素养本位教学中，教师不再是单纯的教育专家，而是与学生形成平等的合作关系，成为学习的伙伴和引路人。教师与学生一起探究、合作、共同成长，共同探索知识和解决问题。

2.学习伙伴所应具备的能力

听取与理解能力。学习伙伴需要倾听学生的声音，理解他们的需求、兴趣和困惑。通过与学生积极互动，建立良好的沟通关系。

引导与启发能力。学习伙伴应具备引导和启发学生的能力，激发学生的思维和创造力。通过提出问题、分享经验和知识，激发学生的学习兴趣和主动性。

促进合作与协作能力。学习伙伴应能够促进学生之间的合作与协作。鼓励学生共同探索、讨论和交流，培养学生的团队合作精神和领导能力。

反思与成长能力。学习伙伴应具备反思与成长的能力，不断总结经验和教训，改进自己的教学方法和策略。参与专业发展活动，与同行交流与合作。

3.学习伙伴的重要性

激发学生的自主学习。作为学习伙伴，教师能够激发学生的自主学习能力。他们不再简单地传授知识，而是鼓励学生主动参与学习，培养学生的问题解决和批判思维能力。

个性化学习支持。学习伙伴关注每个学生的个体差异和需求，提供个性化的学习支持。他们与学生建立良好的师生关系，了解学生的学习风格和兴趣，根据学生的特点提供针对性的辅导和指导。

共同探索知识与解决问题。学习伙伴与学生一起探究知识和解决问题，共同参与学习过程。他们鼓励学生提出问题、寻找答案，并通过引导和启发促进学生的思考和学习。

培养学生的合作能力。学习伙伴通过促进学生之间的合作与协作，培养学生的合作能力和团队精神。学生在与教师和同学的互动中学会倾听、尊重他人意见，并能够有效地与他人合作解决问题。

（五）由评判者转变为学生发展支持者

在素养本位教学下，教师的角色由评判者转变为学生发展支持者。这种转变体现了教师关注学生整体成长和个体发展的重要性，强调了对学生的支持、指导和激励。以下将详细讨论教师角色的转变，并探讨素养本位教学背景下教师作为学生发展支持者的重要性。

1.角色转变：从评判者到学生发展支持者

评判者的角色。在传统教学中，教师往往扮演着评判者的角色，对学生的学习成绩进行评估和打分。教师以考试成绩和标准来衡量学生的能力和表现。

学生发展支持者的角色。在素养本位教学中，教师不再只关注学生的成绩，而是成为学生的发展支持者。他们关注学生的全面发展，提供个体化的学习支持，帮助学生实现自身潜能的发掘和发展。

2.学生发展支持者所应具备的能力

了解学生需求。学生发展支持者需要深入了解学生的学习需求、兴趣和目标。通过与学生积极互动，建立信任和良好的关系，了解学生个体差异，并制定个体化的学习计划和目标。

提供学习支持。学生发展支持者应该提供多样化的学习支持，包括知识传授、指导辅导、学习资源等。他们帮助学生解决学习中遇到的困难，提供适当的学习策略和方法，激发学生的学习兴趣和自主性。

鼓励与激励学生。学生发展支持者应扮演激励和鼓励的角色，相信每个学生的潜力和能力。通过赞扬、认可和鼓励，激发学生的自信心和积极性，促进他们全面发展。

培养自主学习能力。学生发展支持者致力于培养学生的自主学习能力，激发学生的主动性和学习动力。引导学生设立目标，制定学习计划，教授学习技巧和策略，培养学生的学习思维和问题解决能力。

3.学生发展支持者的重要性

注重学生整体发展。作为学生发展支持者，教师关注学生的整体发展，不仅在学业上给予指导和支持，还关注学生的社交、情绪、品德等方面的发展。帮助学生树立正确的价值观，培养积极进取的品质。

个性化的学习支持。学生发展支持者将学习视为个体差异化的过程，提供个性化的学习支持。他们了解每个学生的学习特点和需求，根据学生的不同情况制定相应的教学策略和辅导计划，以更好地促进学生的学业发展和个人成长。

培养学生的自信心与积极性。学生发展支持者通过赞扬、认可和激励，帮助学生建立自信心和积极心态。他们相信每个学生都有能力取得进步和成功，以鼓励和激励的方式引导学生面对挑战和困难。

发掘和发展学生潜能。学生发展支持者致力于发掘和发展学生的潜能。他们通过了解学生的兴趣和天赋，引导学生培养特长和发展优势，为学生的未来发展提供有益的指导和支持。

## 二、教师能力的转变策略

### （一）培养生涯发展能力

在素养本位教学下，教师的教学能力经历了转变，重点是培养学生的生涯发展能力。教师作为学生的引路人和支持者，不仅关注学生的学术发展，还注重学生的个人成长、价值观培养和职业规划。以下将详细讨论教师教学能力的转变以及在素养本位教学背景下培养生涯发展能力的重要性。

1.教师教学能力的转变

教育专家到引路人。传统教学中，教师被视为教育专家，以传递知识为主。而在素养本位教学中，教师的角色转变为引路人，帮助学生认识自己、探索世界，并提供指导与支持。

知识传授到能力培养。教师不再仅仅传授知识，而是注重培养学生的核心能力，如批判思维、创造力、沟通能力等。教师通过设计多样化的任务和项目，激发学生参与实践、解决问题的能力。

评判者到激励者。教师从评判者的角色转变为激励者。他们注重正向反馈，鼓励学生发挥优势，激发学生的自信心和积极性。同时，教师也关注学生的成长过程，提供指导和建议，帮助学生克服困难。

2.培养生涯发展能力的重要性

发现个人兴趣与价值观。教师在素养本位教学中通过多样化的学习活动，帮助学生探索自身的兴趣和价值观。教师通过引导学生参加各类活动，促使学生认识到自己的兴趣所在，并树立正确的价值观念。

职业规划与发展。教师在素养本位教学中扮演职业规划和发展的指导者。他们与学生一起探讨不同职业的特点与要求，帮助学生了解自己的优势与劣势，培养职业意识和规划能力。

人际交往与沟通能力。教师通过组织合作学习和小组项目等活动，帮助学生培养人际交往和沟通能力。学生通过与他人合作，学习解决问题的技巧，并培养良好的团队合作能力。

培养自主学习能力。素养本位教学强调学生的自主学习能力。教师通过启发学生的思考和独立学习，培养学生的自主学习意识和方法，使其具备终身学习的能力。

3.培养生涯发展能力的策略

创设多样化的学习环境。教师应创建丰富多样的学习环境，提供不同类型的学习资源和机会，激发学生参与实践和探索的欲望。例如，组织实地考察、职业体验活动等，让学生亲身感受不同职业领域的工作内容与要求。

引导个人反思与目标设定。教师应引导学生进行个人反思，了解自己的兴趣、优势和价值观，并帮助他们设定明确的生涯目标。教师可以利用课堂时间或辅导谈话，与学生进行深入的交流和讨论。

提供职业信息和资源。教师可以为学生提供职业信息和相关资源，指导学生了解不同职业的发展前景、薪资待遇、培训需求等方面的信息，帮助学生做出明智的职业选择。

培养关键技能和素质。教师应注重培养学生的关键技能和素质，如批判思维、创造力、沟通能力等。这些能力在职业发展过程中至关重要，能够提升学生的竞争力和适应能力。

进行个别指导与辅导。教师可以进行个别指导和辅导，根据学生的具体情况，给予针对性的建议和支持。通过定期的面谈和交流，帮助学生解决职业发展中遇到的困惑和问题。

（二）提高多元文化意识与教学能力

在素养本位教学下，教师的教学能力发生了转变，其中之一是提高多元文化意识与教学能力。随着社会的全球化和多元文化的日益显著，教师需要具备跨文化的教育视野和能力，以更好地应对多样性和包容性的教育挑战。以下将详细探讨素养本位教学下教师教学能力的转变以及提高多元文化意识与教学能力的重要性。

1.教师教学能力的转变

从单一文化到多元文化。传统教学中，教师常侧重于单一文化的知识传授和价值观灌输。而在素养本位教学中，教师的教学能力转变为关注多元文化，尊重和接纳不同文化背景的学生。

跨文化沟通与理解能力。教师需要具备跨文化沟通和理解能力，能够适应不同文化背景下学生的需求和差异。他们应主动了解学生的文化背景，尊重学生的价值观和习惯，并在教学过程中体现文化敏感性。

整合多元文化资源。教师应善于整合多元文化的教学资源，如多元文化的文本材料、跨文化案例分析等，以拓宽学生的视野，促进他们对不同文化的理解和尊重。

2.提高多元文化意识与教学能力的重要性

促进学生的全面发展。多元文化意识与教学能力可以帮助教师更好地关注学生的个体差异，尊重学生的文化身份和背景。通过深入了解学生的文化特点，教师能够提供更加个性化和符合学生需求的教育服务，促进学生的全面发展。

增强学生的文化认同感。提高多元文化意识与教学能力，有助于增强学生对自己文化的认同感。教师在教学过程中积极传递多元文化的价值观念和思维方式，让学生在接受外来文化的同时，保持对自己文化的尊重和自豪感。

提升学生的社会参与能力。多元文化意识与教学能力培养了学生对不同文化的理解和尊重，使他们具备更好地适应全球化社会的能力。学生通过与不同文化背景的人进行交流与合作，加强自己的跨文化沟通能力和社会参与能力。

培养全球公民意识。多元文化意识与教学能力有助于培养学生的全球公民意识，让他们意识到世界的多样性和互联互通的重要性。这种意识能够培养学生的责任感和道德意识，促使他们成为具有全球视野与责任感的公民。

3.提高多元文化意识与教学能力的策略

专业发展和学习。教师应通过专业发展和学习，提高自己的多元文化意识与教学能力。可以参加相关培训、研讨会或学习跨文化教育的课程，了解不同文化的特点和教育理念。

多样化的教学资源和材料。教师应积极寻找多样化的教学资源和材料，以展现不同文化的视角和经验。可以使用多元文化的文本、音视频资源、跨文化案例等，丰富课堂内容，激发学生的兴趣和思考。

创设包容性的学习环境。教师应创设一个包容多元文化的学习环境，鼓励学生分享自己的文化经验和观点。可以组织文化交流活动、庆祝各种节日的活动，让学生互相了解和尊重彼此的文化。

（三）加强创新与创造力

对于素养本位教学，教师的角色发生了转变。教师需要从单一的知识传授者转变为学生发展的引导者和支持者，注重培养学生的创新与创造能力。教师在素养本位教学中应具备以下几方面的能力。

专业知识能力。教师需要具备扎实的学科知识和教育理论知识，以便更好地指导学生的学习和发展。教师应不断提升自己的专业水平，跟上学科知识和教育教学的最新发展。

引导和支持能力。教师需要具备良好的沟通和引导能力，能够激发学生的学习兴趣和动力，引导他们主动参与学习过程。教师应根据学生的不同特点和需求，灵活运用不同的教学策略和方法，积极引导学生学会自主学习和解决问题。

创新思维能力。教师应具备创新思维，并能将其融入到教学实践中。教师需要不断改进和创新教学内容和方法，提供丰富多样的学习资源和活动，激发学生的创新意识和实践能力。

协作能力。教师在素养本位教学中需要与学校、家长和其他教师进行密切合作，共同推进学生的综合素质发展。教师应主动参与交流合作，与他人分享自己的经验和教学方法，同时也要积极借鉴他人的经验和教学成果。

为了加强教师的创新与创造力，在实践中可以采取以下措施：

提供培训和支持。学校和教育管理部门可以组织相关培训，帮助教师了解和掌握素养本位教学的理念和方法。同时，学校可以建立相应的评价机制，鼓励教师参与教育研究和教学改革，提高他们的创新能力和水平。

创造良好的教育环境。学校应提供良好的教育资源和设施，为教师创新和创造提供支持。学校可以建立创新教育实验室或者创客空间，为教师和学生提供实践和探索的场所。

鼓励教师交流合作。学校可以组织教师交流会、研讨会等活动，为教师提供交流和分享的机会。同时，学校可以鼓励教师参与相关教育组织和社团，拓宽自己的视野，并从中获得更多的支持和启发。

（四）增强信息技术与媒体素养

素养本位教学是一种以培养学生的综合素养为目标的教学理念。在素养本位教学下，教师教学能力的转变非常重要，其中包括信息技术与媒体素养的增强。

首先，素养本位教学要求教师转变传统的教学方式，注重培养学生的综合素养。这就要求教师必须具备全面的专业知识和教育理论知识，能够针对学生的特点和需求进行个性化的教学。同时，教师还应具备跨学科的知识，能够将不同学科的知识融会贯通，促进学生的综合发展。因此，教师需要不断提升自己的学科知识水平和跨学科能力，以适应素养本位教学的需求。

其次，信息技术与媒体素养在素养本位教学中发挥着重要的作用。随着信息技术和媒体的快速发展，教师需要具备运用信息技术和媒体进行教学的能力。信息技术与媒体素养包括对各种教育工具和资源的熟悉和运用，能够灵活地使用多媒体、网络等工具进行教学活动。教师应该了解现代教育技术的最新发展，并将其应用于实际教学中，提高教学效果。

教师可以采取以下措施以促进信息技术与媒体素养的增强。

学习和积累知识。教师可以通过参加培训班、研讨会等方式，不断学习和积累信息技术与媒体方面的知识。掌握最新的技术和工具，了解其在教学中的应用方法，提高自己的素养水平。

创新教学方法。教师可以尝试使用不同的信息技术和媒体工具，如教学软件、网络资源等，来创新教学方法。通过多样化的教学手段和形式，激发学生的学习兴趣和主动性，以提高教学效果。

教学资源整合。教师可以积极整合各种教学资源，如数字图书馆、在线课程等，为学生提供更广泛的学习资源。同时，在教学过程中，教师还应该引导学生积极利用媒体资源进行自主学习和思考，培养其信息获取和处理能力。

与同行交流。教师可以与其他同行教师进行经验交流，分享信息技术和媒体素养方面的心得和教学经验。通过互相学习和借鉴，共同提高教学水平。

总之，素养本位教学下教师教学能力的转变需要注重信息技术与媒体素养的提升。然而，在素养本位教学下，教师教学能力的提升与增强信息技术和媒体素养有着重要的关系。下面将简要介绍一些主要观点。

教师角色转变。素养本位教学要求教师从传统的知识传授者角色，转变为学生发展的引导者和支持者。教师应该注重培养学生的综合素养，包括思维能力、创新能力、合作能力等。在这样的教学环境下，教师需要不断更新自己的教育理念和教学方法，并逐渐形成以学生为中心的教学模式。

信息技术素养的重要性。在现代社会中，信息技术已经成为一种基本技能。教师需要具备良好的信息技术素养，以应对快速发展和变化的信息技术环境，并将其融入到教学实践中。教师应熟悉和掌握各类教育技术工具，如电子教案、多媒体演示、在线学习平台等，以提高教学效果和学生的学习积极性。

媒体素养对教师的要求。媒体在信息传播中起到关键作用，因此教师需要具备有效的媒体素养。这包括对媒体信息的理解和分析能力，对媒体传播原则和规范的了解，以及对媒体资源的合理利用能力。教师还应引导学生正确使用和评估媒体信息，培养他们的媒体素养，提高批判性思维和信息素养。

提升教师的信息技术与媒体素养。为了增强教师的信息技术与媒体素养，学校和教育机构可以提供相关的培训和支持。这包括组织专业的培训课程、研讨会和交流活动，鼓励教师参加学术会议和培训班。同时，学校还可以建立学习共享平台，供教师分享经验和资源，促进教师之间的互动和合作。

（五）发展学习渴望和自我调节能力

在素养本位教学下，教师的教学能力需要转变和发展，其中涵盖了学生学习渴望和自我调节能力的培养。

首先，素养本位教学要求教师从传统的知识传授者角色转变为学生发展的引导者和支持者。教师应注重培养学生的综合素养，提高他们的学习渴望和主动性。为了实现这一目标，教师需要不断更新自己的教育理念和教学方法，创设积极的学习环境，鼓励学生积极参与和发展自己的学习兴趣。

其次，对学生学习渴望的培养是素养本位教学中的重要任务之一。教师可以通过以下方式来激发学生的学习渴望。

设计具有挑战性的学习任务。教师应该为学生设计具有一定难度和挑战性的学习任务，使学生感到充满兴趣和动力。这样能够激发学生的求知欲望，促使他们主动参与学习过程。

提供个性化的学习支持。教师应关注每个学生的学习需求和能力水平，并为他们提供个性化的学习支持。针对学生的不同特点和兴趣，教师可以使用不同教学策略和资源，满足学生的学习需求。

培养学生的自信心。教师应鼓励学生相信自己的学习能力，并给予他们积极的反馈和支持。通过建立正向的学习氛围和评价机制，激发学生的自信心，增强他们的学习渴望。

同时，素养本位教学也要求学生具备自我调节能力，能够主动管理和控制自己的学习过程。教师在培养学生的自我调节能力方面可以采取以下措施。

目标设定和规划。教师可以引导学生设定明确的学习目标，并帮助他们制定合理的学习计划。学生在明确目标和规划之后，能更好地控制自己的学习进度和方向。

提供学习策略和方法。教师应向学生介绍多样化、有效的学习策略和方法，帮助他们选择适合自己的学习方式。通过培养学生的学习技能和方法，教师能够帮助他们更好地管理和调节学习过程。

引导学生进行自我评价和反思。教师可以引导学生进行自我评价和反思，帮助他们认识自己在学习中的优势和不足，并找到改进的方法。通过反思，能够提高学生对学习的认知和控制能力。

教师教学能力转变。在素养本位教学下，教师需要从传统的知识传授者转变为学生发展的引导者和支持者。教师应关注学生的综合素养培养，包括思维能力、创新能力、合作能力等。教师需更新教育理念和教学方法，构建以学生为中心的教学模式。

学生学习渴望培养。教师在素养本位教学中起到重要作用，他们应激发学生的学习渴望。通过设立有挑战性的学习任务、个性化的学习支持和鼓励学生自信心等方式，激发学生的求知欲望，培养其积极参与学习的态度。

学生自我调节能力发展。素养本位教学强调学生的自主学习能力，教师应帮助学生培养自我调节能力。这包括目标的设定和规划、学习策略和方法的引导、自我评价和反思以及学生的自主学习能力的培养等方面。通过这些方式，学生能主动管理和控制自己的学习过程。

（六）培养反思和批判思维能力

素养本位教学下，教师的角色和教学方式发生了转变，需要培养学生反思和批判思维能力。这种教学模式强调以学生为中心，关注学生的全面发展和综合素养，在此背景下，教师的教学能力需要相应地进行转变和提升。

首先，教师需要具备反思能力。反思是指对教育实践的回顾、评价和调整。教师应当经常反思自己的教学方法、策略和效果，思考如何更好地满足学生的需求和促进他们的发展。这有助于教师不断改进自己的教学方式，并提升学生学习的效果。

教师的反思可以从多个层面展开。一方面是课程设计和教学内容的反思，教师需要对所教授的知识和技能进行审视，思考是否与学生的发展需求和社会需求相符，是否能够激发学生的学习兴趣和动力。另一方面是教学方法和策略的反思，教师需要评估自己所采用的教学方法是否适合学生的学习风格和认知特点，是否能够引导学生积极参与、主动探索和合作学习。还有教师在课堂管理和学生关怀方面的反思，教师需要审视自己在课堂上的行为举止、语言表达和情感沟通，是否能够建立积极、支持性的学习氛围，是否能够关注学生的个体需求和发展。

其次，教师需要培养学生的反思能力。他们可以通过组织学生进行自我评价、学习笔记、学习日志等方式，引导学生反思自己的学习过程、学习策略和学习成果。通过反思，学生能够更加深入地认识自己的学习情况，并积极主动地调整和改进学习方法。

学生的反思可以分为学习过程中和对学习结果的反思。在学习过程中，学生可以回顾自己的学习计划和目标，思考自己在学习过程中遇到的困难和问题，寻找解决方法和策略，及时调整学习方向和节奏。在对学习结果的反思中，学生可以对自己的学习成果和表现进行评价，发现自己的优点和不足，思考如何进一步提高和发展。

同时，教师还应该培养学生的批判思维能力。批判思维是指学生对问题和信息进行分析、评估和判断的能力。教师可以通过提问、讨论和案例分析等方式，激发学生的思考，培养他们的批判性思维能力。此外，教师还可以引导学生独立思考，从不同的角度审视问题，并鼓励他们提出自己的见解和观点。

为了培养学生的反思和批判思维能力，教师需要采取相应的教学策略和方法。首先，教师可以设计具有挑战性和探究性的学习任务，鼓励学生主动思考和解决问题。这样可以促使学生运用已有的知识和技能，积极参与到学习过程中，并培养他们的批判性思维能力。

其次，教师可以引导学生进行合作学习。合作学习可以鼓励学生相互交流、分享经验和观点，在讨论中激发和培养学生的批判思维能力。通过与他人的合作，学生可以从不同的角度看待问题，听取其他人的意见和建议，拓展自己的思维和认识。

此外，教师还可以使用多种教学资源和工具来培养学生的反思和批判思维能力。例如，教师可以引导学生利用互联网资源、图书馆资源等多样化的信息来源，在研究和解决问题的过程中进行反思和批判思考。同时，教师也可以采用科技工具和多媒体教学手段，提供丰富的学习环境，激发学生的思考和创造力。

最后，教师自身也需要进行反思和批判，不断提升自己的专业素养和教学能力。他们可以通过参加教育研讨会、阅读相关文献、与同行交流等方式，不断更新自己的教学理念和教学策略，并将其应用到实际教学中。

（七）加强教学评估和反馈能力

素养本位教学强调以学生为中心，注重培养学生的综合素质和整体发展。

在这个教学模式下，教师的教学能力需要进行转变，并加强教学评估和反馈能力。这样可以更好地了解学生的学习情况，及时调整教学策略，促进学业成长。

首先，教师需要提高对学生的认知和了解。教师应该通过观察和与学生的交流，深入了解学生的学习特点、学习风格、学习需求等方面的信息。这有助于教师更准确地把握学生的学习状况，使教学更具针对性和有效性。例如，教师可以通过课堂讨论、小组活动、个别辅导等方式与学生互动，了解他们对知识的理解程度和掌握情况，及时给予指导和支持。

其次，教师需要运用多种形式的评估手段来全面了解学生的学习情况。传统的考试评估方式可能无法全面反映学生的真实水平和能力。因此，教师可以引入多样化的评估方法，如项目作业、课堂表现、学习日志、口头报告等，以便更好地观察和评价学生的综合素养和能力发展。通过这些评估方式，教师可以更加全面地了解学生的知识水平、思维能力、创新能力等方面的情况。

在进行评估过程中，教师应注重形成性评估和终结性评估的结合。形成性评估是指在学习过程中对学生进行频繁的、连续的评估，旨在帮助学生改进学习方法和提升学习效果。终结性评估则是在学习结束时对学生的学习成果进行总结和评价。将两种评估方式结合起来，可以更好地了解学生的学习进展和成果，并为进一步的教学调整提供参考依据。

第三，教师需要及时向学生提供有针对性的反馈。在评估的基础上，教师可以通过及时的反馈，帮助学生认识到自己的优点和不足，并提出具体的建议和改进措施。反馈应该具体、明确，并和学生的学习目标相匹配。教师可以利用个别辅导、小组讨论、批改作业等方式提供反馈。此外，教师还可以鼓励学生互相给予反馈和建议，促进他们之间的学习交流和合作。

除了向学生提供反馈外，教师还应与家长进行沟通，并向他们提供学生的学习情况反馈。家长是学生教育的重要参与者，在学生成长过程中起着重要的支持和引导作用。教师可以与家长进行定期的面谈、通话或在线沟通，分享学生的学习成果和问题，寻求共同的解决方案，以促进学生的整体发展。

另外，教师还需要不断提升自己的教学和评估能力。教师可以参加专业发展培训、研讨会等活动，了解最新的教学理论和评估方法。通过与同行交流分享经验，不断改进自己的教学策略和评估方式。此外，教师还可以利用技术工具和教育平台来辅助评估和反馈的实施，提高效率和准确性。

（八）提升教师领导与管理能力

在素养本位教学下，教师的角色不仅限于知识的传授和指导，还需要承担起领导和管理的责任。教师需要具备一定的领导与管理能力，以促进学生的全面发展和综合素质提升。以下是教师在素养本位教学中提升领导与管理能力的几个方面。

首先，教师需要成为学生的领导者。在素养本位教学中，教师应该担当起引领学生发展的角色，激发学生的动力和潜能。教师可以通过设定明确的学习目标、规划学习路径、制定学习策略等方式，引导学生自主学习，并建立起良好的学习氛围。同时，教师还要注重培养学生的自我管理能力，帮助他们树立正确的学习态度和价值观，培养积极的学习习惯。

其次，教师需要加强班级管理和组织能力。教师在课堂上扮演着组织者和管理者的角色，需要有效地组织学生的学习活动，并进行适当的课堂管理。教师可以制定明确的规则和纪律，培养学生的自律和合作意识。同时，教师还需要建立起良好的师生关系，保持与学生的有效沟通和互动，以提高课堂氛围和学习效果。

第三，教师需要加强团队合作和协作能力。在素养本位教学中，教师需要与其他教师、学校领导以及家长进行紧密合作，共同促进学生的发展。教师可以参与学校的教研活动和专业培训，与同行交流分享经验和教学资源。此外，教师还应积极与家长进行沟通，建立良好的家校合作关系，共同关注学生的学习情况和发展。

另外，教师还应不断提升自己的职业素养和个人能力。教师可以通过自主学习、参加研讨会、阅读专业书籍等方式，不断更新自己的知识和教育理念。同时，教师也要关注教育政策和最新的教学方法，提升自己的专业水平，以更好地引领学生的学习。

最后，教师需要注重对自己的领导与管理能力进行自我评估和反思。教师可以利用教学评估结果、学生反馈以及同行评价等信息，了解自己的优势和不足。在发现问题后，教师应积极寻求提升自身的方法和途径，例如参加培训课程、寻求指导和建议。通过持续的自我反思和改进，教师能够不断提升自己的领导与管理能力，并更好地服务于学生的发展。

（九）提升情感智能与情商

素养本位教学强调培养学生的综合素质和情感发展，而教师在这个教学模式下也需要转变自己的教学能力，特别是提升情感智能与情商。通过提升情感智能和情商，教师可以更好地处理与学生和家长之间的情感交流，建立良好的师生关系，促进学生的整体成长与发展。

首先，教师需要培养自己的情感智能。情感智能是指个体对情感的感知、理解、应用和调控的能力。教师可以通过提高自我意识、情绪管理、社交技巧等方面的能力，来增强自己的情感智能。例如，教师可以通过反思自己的情绪状态，学会有效地管理并调节自己的情绪，以更好地应对教学中的各种挑战和压力。同时，教师还应注重观察和理解学生的情感需求，关注他们的情感体验，并积极回应和支持学生的情感表达。

其次，教师需要提升自己的情商。情商是指在人际交往中，运用情感智能的能力，包括情感的自我认知、他人认知和情感管理等方面的能力。教师可以通过培养同理心、积极倾听和有效沟通等技巧，来提升自己的情商。在与学生和家长的互动中，教师应该表现出关爱、尊重和理解，建立起良好的信任关系，以便更好地支持和引导学生的成长。

第三，教师需要注重情感教育的实施。情感教育是指在教育过程中，通过对情感的引导和培养，促进学生的情感发展和情绪管理能力。教师可以通过课堂活动、故事讲述、角色扮演等方式，引导学生表达情感、分享经验，培养学生的社会情绪能力和人际交往能力。教师还可以培养学生的自我意识和自我管理能力，帮助他们建立健康的情感态度和积极的情绪调节机制，以应对生活和学习中的困难和挑战。

另外，教师还需要关注家长与学生之间的情感交流。家长是学生成长过程中的重要支持者，与家长的积极沟通和合作对于学生的发展至关重要。教师可以与家长建立良好的互信关系，及时沟通学生的学习情况和问题，并提供情感上的支持和引导。通过与家长密切合作，教师可以更好地了解学生的背景和家庭环境，从而更准确地指导和关注学生的全面成长。

总之，在素养本位教学下，教师需要提升情感智能与情商，以更好地处理与学生和家长之间的情感交流，建立良好的师生关系。通过提升情感智能和情商，教师可以更好地理解和回应学生的情感需求，引导学生的情感发展和情绪管理，培养学生的社会情绪能力和人际交往能力。同时，教师也需要注重与家长之间的情感交流，建立良好的互信关系，共同关心学生的成长和发展。

为了提升情感智能与情商，教师可以采取以下措施。

自我反思与成长。教师应不断反思自己在教学和与学生互动中的情绪反应，并寻找改进和成长的机会。通过意识到自己的情绪状态以及其对学生情绪的影响，教师能够更好地管理和调节自己的情绪，并以积极和理性的态度来面对教育挑战。

同理心与倾听技巧。教师应学会倾听学生的需求和情感表达，展现出关心和尊重的态度。通过培养同理心，教师能够更好地理解学生的感受，并以适当的方式来回应和支持他们的情感需求。

有效沟通与情感表达。教师应学会运用积极的语言和非语言沟通技巧，与学生和家长保持良好的沟通关系。通过清晰、明确和尊重的表达方式，教师能够更好地传递情感信息，并与学生和家长建立有益的互动。

情感教育的融入。教师应在教学活动中注重培养学生的情感发展和情绪管理能力。通过结合课程内容、社交活动和班级氛围等方面，创造情感共鸣和情绪调节的机会，引导学生表达情感、分享经验，促进他们的情感向成熟和健康发展。

学校支持与合作。学校可以提供相关的培训和支持，帮助教师提升情感智能与情商。举办专题研讨会、邀请专业人士进行培训，为教师提供学习和成长的机会。此外，学校还可以建立良好的教师交流平台，促进教师之间的互相启发和分享。

总体而言，素养本位教学下的教师需要提升情感智能与情商，以便与学生和家长建立良好的关系并促进学生的全面发展。通过自我反思、培养同理心、加强沟通与情感教育的融入，教师能够成为情感上的支持者和引导者，为学生创造积极健康的学习环境。同时，学校的支持与合作也至关重要，为教师提供相应的培训和资源，共同促进教师的情感智能与情商的提升。

（十）注重专业知识的更新与学习

在素养本位教学的理念下，教师的角色正在发生转变。传统上，教师的主要职责是传授知识和技能，而在素养本位教学中，教学的重点是培养学生的全面素养和综合能力。因此，在这种教学模式下，教师的教学能力需要从传统的知识传授者转变为专注于专业知识的更新与学习。

专业知识的更新与学习是教师教育的核心目标之一。随着社会日新月异的发展以及科技的迅速进步，学科知识也在不断演变和扩展。因此，教师需要时刻保持对学科领域最新发展的关注，并积极地学习和更新自身的专业知识。

首先，教师应该建立一个持续学习的意识。他们应该认识到专业知识是不断变化和更新的，而且学习从未结束。教师需要主动寻求新的信息来源，如学术期刊、学术会议、专业机构等，并跟踪相关领域的最新研究成果和实践。通过不断学习和更新专业知识，教师可以为学生提供最新的教育资源和信息，保持在学科领域的前沿。

其次，教师需要积极参与专业发展活动。这包括参加学术研讨会、专题讲座、研修班等，以便扩展自己的知识广度和深度。通过与同行交流和分享经验，教师可以更好地理解学科的发展方向和趋势，并将这些最新的理论和实践融入到自己的教学中。

第三，教师应该发展自主学习的能力。自主学习是一种主动获取新知识和技能的能力，这对于教师更新专业知识来说至关重要。教师可以制定个人学习计划并设定学习目标，然后选择合适的学习资源和方法进行学习。此外，反思也是自主学习中重要的一环。教师可以通过反思自身教学实践的经验和效果，发现自己的不足之处，并采取相应的措施改进自己的教学方式和内容。

除了个人努力外，学校和教育部门也应提供支持与机制，鼓励教师进行专业知识的更新与学习。学校可以组织内外部培训以及专家讲座，为教师提供持续的专业发展机会。教育部门可以制定政策并提供经费支持，鼓励教师参与学术研究和课程设计，推动教师的专业成长。

# 第六章　与其他学科的跨学科融合

## 第一节　跨学科教学的意义与目的

### 一、跨学科教学的意义

跨学科教学（Interdisciplinary Teaching）是一种在教学过程中将不同学科领域的知识与概念进行整合与应用的方法。它超越了传统的学科边界，强调学科之间的关联性和综合性，旨在培养学生的综合素养和跨学科思维能力。跨学科教学具有广泛而深远的意义，下面将对其意义进行详细阐述。

第一，跨学科教学提供了更全面的知识视野。传统的学科教学往往局限于特定领域的知识，而跨学科教学将不同学科的知识有机地结合起来，使学生能够获得更全面、多样化的知识。通过跨学科学习，学生可以在多个学科领域中获取知识，并更好地理解各学科之间的相互关系和交叉点。这有助于拓宽学生的知识视野，增强他们的理解能力和综合认知。

第二，跨学科教学培养了学生的综合素养和跨学科思维能力。跨学科教学注重跳出传统学科边界，促使学生从多个学科领域的角度去理解和探究问题。这要求学生能够整合、应用不同学科中的知识，进行跨学科的思考和分析。通过跨学科教学，可以培养学生综合素养，如批判性思维、问题解决能力、创新思维等，使他们具备面对复杂问题和现实挑战的能力。

第三，跨学科教学激发学生的学习兴趣和动力。传统的学科教学往往以单一学科的知识为主，容易让学生感到枯燥乏味。而跨学科教学将不同学科的知识相互联系起来，使学习更加生动有趣。跨学科教学能够让学生看到学科之间的关联和应用，帮助他们认识到学科知识在实际生活中的意义和作用。这样的学习方式能够激发学生的学习兴趣和动力，提高他们的参与度和投入度。

第四，跨学科教学有助于培养学生的创造力和创新能力。跨学科教学鼓励学生在多个学科的交叉领域中进行探索和创新。通过将不同学科的知识进行整合和应用，学生可以提出新的观点、方法和解决方案，培养他们的创造力和创新思维。跨学科教学激发了学生对问题的独立思考和质疑精神，培养他们在面对未知及复杂情境时的适应能力。

第五，跨学科教学有助于解决现实生活中的复杂问题。现实生活中的问题往往不仅涉及一个学科，而是需要多个学科的知识和方法来解决。跨学科教学能够帮助学生理解和解决这些复杂问题。通过学习不同学科的知识和技能，学生可以获得更全面的解决问题的能力。跨学科教学通过提供多个学科的视角和方法，使学生能够综合运用知识，思考问题并找到切实可行的解决方案。

第六，跨学科教学有助于促进学科之间的交流与合作。传统的学科教学往往存在学科之间的壁垒，难以实现学科之间的相互交流与合作。而跨学科教学鼓励学生在学习中进行学科之间的交流与合作，增强多学科之间的协同效应。这不仅有助于学生理解学科之间的关联，还培养了学生的团队合作能力和沟通能力，在解决复杂问题时具备更强的综合能力。

## 二、跨学科教学的目的

跨学科教学（Interdisciplinary Teaching）是一种在教学过程中将不同学科领域的知识与概念进行整合与应用的方法。它旨在超越传统的学科边界，促进学科之间的交流与合作，培养学生的综合素养和跨学科思维能力。跨学科教学具有多重目的，下面将详细阐述其目的与意义。

培养学生的综合素养。跨学科教学的首要目的是培养学生的综合素养，使其能全面发展并适应日益复杂多变的社会环境。通过跨学科的学习，学生可以获取各个学科领域的知识，并将其整合运用于实际问题解决中。这样的学习方式有助于拓宽学生的知识视野、提高对问题的综合把握能力，并培养学生的批判性思维、创新思维、合作能力等综合素养。

培养跨学科思维。跨学科教学强调学科之间的关联与交叉，鼓励学生跳出传统学科框架，进行跨学科的思考与分析。其目的在于培养学生具备跨学科思维的能力，即通过整合不同学科的知识、方法和观点，来理解和解决现实世界中的复杂问题。跨学科思维使学生能够更全面地认识事物，增强对知识和问题的整体把握能力，培养学生的创造力和创新能力。

促进学科之间的融合与交流。跨学科教学旨在促进学科之间的融合与交流，打破传统学科之间的壁垒，使不同学科的知识能够相互渗透、相互补充。通过学科之间的交流与合作，学生可以深入了解不同学科之间的联系与应用，形成全局性的思维模式，提高对复杂问题的综合分析与解决能力。同时，学科之间的融合与交流也有助于拓宽学科发展的边界，激发新的研究领域和学科创新。

培养解决复杂问题的能力。现实生活中的问题往往涉及多个学科领域，需要综合运用不同学科的知识和方法来解决。跨学科教学注重培养学生解决复杂问题的能力，使他们能够在面对实际挑战时，迅速识别问题的关键和核心，并运用多个学科的知识进行综合分析和解决。这有助于提高学生的问题解决能力、创新能力和适应社会变革的能力。

培养全球化视野与国际竞争力。在当前全球化的背景下，跨学科教学有助于培养学生具备全球化视野和国际竞争力。通过学习不同学科的知识和文化，学生可以更好地理解和应对不同文化、不同学科背景的挑战和机遇。跨学科教学使学生具备面向世界的视野，能够更好地适应国际化的学习与工作环境，并在全球化时代中具备竞争力。

## 第二节　化学与其他学科的跨学科融合策略

### 一、化学与生物学的跨学科融合策略

#### （一）生物大分子的化学组成和结构解析

生物大分子的化学组成和结构解析是高中化学与生物学跨学科融合的重要内容之一。生物大分子包括蛋白质、核酸、多糖等，它们在生物体内起着重要的生理功能作用。通过化学的视角来分析和解释这些生物大分子的组成和结构，可以帮助我们更好地理解生命的基本单位——细胞，并深入探究生物分子的功

能和相互作用。

1.蛋白质的化学组成和结构解析

（1）蛋白质的组成

蛋白质由氨基酸残基组成。氨基酸是有机化合物，由一个中心碳原子与一个氨基基团（$NH_2$）、一个羧基基团（COOH）、一个氢原子和一个侧链基团（R）组成。常见的氨基酸有20种，它们的侧链基团不同，赋予了蛋白质不同的特性和功能。

（2）蛋白质的结构

蛋白质的结构层次包括四个级别：一级结构、二级结构、三级结构和四级结构。

一级结构指的是蛋白质的氨基酸序列，即多个氨基酸残基按照特定顺序连接形成的链状结构。

二级结构是指由氢键作用引起的局部空间折叠结构，常见的二级结构有α-螺旋和β-折叠。

三级结构是指蛋白质整个分子链的空间折叠结构，由各个氨基酸残基之间的相互作用而形成。

四级结构是指由多个蛋白质分子通过非共价力相互结合而形成的复合物结构。

（3）蛋白质的功能

蛋白质在生物体内具有多种重要功能，包括酶活性、运输物质、细胞信号传导、结构支持等。不同蛋白质的结构和氨基酸组合决定了它们的特定功能和特性。

2.核酸的化学组成和结构解析

（1）核酸的组成

核酸是由核苷酸组成的大分子，核苷酸由一个五碳糖、一个碱基和一个磷酸基团组成。DNA（脱氧核糖核酸）的糖是脱氧核糖，RNA（核糖核酸）的糖是核糖。

DNA的碱基有腺嘌呤（A）、胸腺嘧啶（T）、鸟嘌呤（G）和胞嘧啶（C），

RNA 的碱基有腺嘌呤（A）、尿嘧啶（U）、鸟嘌呤（G）和胞嘧啶（C）。

（2）核酸的结构

核酸的结构包括单链结构和双链结构。DNA 是双链结构，由两条互补的多肽链通过磷酸二酯键连接而成的螺旋结构组成。RNA 通常是单链结构，但在某些情况下也可以形成二级结构，如 RNA 的部分序列可以通过碱基配对形成稳定的二级结构。

（3）核酸的功能

核酸主要负责储存和传递遗传信息。DNA 是细胞中储存遗传信息的分子，它通过碱基配对规则，将遗传信息以一种编码的方式存储起来，并在细胞复制过程中传递给下一代细胞。RNA 在转录过程中将 DNA 中的遗传信息转化为蛋白质的合成指令。

3.多糖的化学组成和结构解析

（1）多糖的组成

多糖是由许多简单糖分子（单糖）通过糖苷键连接而成的生物高分子。常见的多糖有淀粉、纤维素、聚果糖等。单糖是化学式为（$CH_2O$）n 的有机化合物，可以分为三类：单糖、二糖和寡糖。

（2）多糖的结构

多糖的结构可以是直链或支链结构。直链多糖由单糖分子通过糖苷键直接连接而成，而支链多糖有一个或多个侧链与主链相连。

（3）多糖的功能

多糖在生物体内具有多种功能。淀粉在植物细胞中的主要功能是储存多糖，提供能量。纤维素是植物细胞壁的主要成分，赋予植物细胞结构强度和稳定性。寡糖在细胞间质中起着信号识别和细胞间通讯的作用。

通过对蛋白质、核酸和多糖的化学组成和结构解析，我们可以更加深入地理解生物大分子的功能和相互作用。这不仅有助于揭示生命活动的本质，也为生物学领域的研究和应用提供了重要的基础。在高中化学和生物学教学中，跨学科融合策略的运用能够帮助学生全面了解生物分子的特性和生理功能，培养他们的科学思维和分析能力，为未来深入研究和应用生物科学打下坚实基础。

（二）酶和化学反应速率的关系研究

高中化学与生物学的跨学科融合可以通过研究酶和化学反应速率的关系来深入探讨生物体内化学反应的原理和机制。酶作为生物体内催化剂的重要组成部分，对化学反应速率有着显著影响。

1.酶的基本概念和特点

（1）酶的定义

酶是一类具有生物催化活性的蛋白质，能够加速生物体内化学反应的进行而不改变反应的平衡态。

（2）酶的结构

酶通常由一个或多个蛋白质链组成，并具有特定的三维立体结构。酶的结构决定了其催化活性和特异性。

（3）酶的功能

酶在生物体内扮演着重要角色，包括促进代谢过程、调节生物信号传递和维持体内平衡等功能。

2.化学反应速率的基本概念和表达式

（1）化学反应速率的定义

化学反应速率指单位时间内反应物消耗或生成物产生的量。

（2）化学反应速率的表达式

化学反应速率与反应物浓度的变化有关，一般可以通过实验测定得到。对于一个简单的化学反应：

$a\mathrm{A}+b\mathrm{B}\rightarrow c\mathrm{C}+d\mathrm{D}$

反应速率可以用以下表达式表示：

反应速率=k[A]^m[B]^n

3.酶对化学反应速率的影响

（1）酶的催化作用

酶通过提供催化活性位点，降低反应的活化能，从而加速化学反应的进行。酶能够使化学反应在相对较温和的条件下发生，提高反应速率。

（2）酶的底物特异性

酶具有底物特异性，只能催化特定的反应底物。这是由于酶的活性位点与其底物结构之间的互相匹配和相互作用所决定的。

（3）酶的饱和效应

酶的催化速率随着底物浓度的增加而增加，但当酶的活性位点饱和时，酶的催化速率将趋于饱和，并保持恒定。

4.研究酶和化学反应速率的关系

（1）酶动力学研究

酶动力学是研究酶催化速率与底物浓度、温度和 pH 等因素之间的关系。通过测定不同底物浓度下的反应速率，可以得到酶的动力学参数，如最大催化速率（*Vmax*）和米氏常数（*Km*）等。

（2）酶抑制剂研究

酶抑制剂是一类能够干扰酶催化活性的化合物。通过研究酶抑制剂的作用机制和效果，可以深入理解酶催化过程以及化学反应速率的调控。

（3）反应速率方程的推导

通过实验测定不同底物浓度下的反应速率，可以拟合出反应速率方程。结合酶和化学反应速率的关系，可以得到关于酶活性和反应底物浓度之间的数学模型。

在高中化学和生物学的跨学科融合研究中，探究酶和化学反应速率的关系具有重要意义。这一研究可以帮助学生理解酶的催化作用原理和机制，了解生物体内化学反应的特点和调控方式。此外，通过实验设计和数据分析，还可以培养学生科学实验与数据处理能力，促进他们对科学方法的理解和运用。

总之，高中化学与生物学的跨学科融合研究可以通过探究酶和化学反应速率的关系来深入了解生物体内化学反应的基本原理和调控机制。这不仅有助于培养学生的科学思维和实验能力，还为未来的科学研究和应用提供了重要的基础。

（三）药物与生物相互作用的化学基础探索

随着科学技术的不断发展，高中化学和生物学之间的联系越来越密切。特别是在药物与生物相互作用领域，化学与生物学的跨学科融合对于研究药物的化学基础以及其在生物体内的相互作用机制非常重要。

1.化学分子的结构与活性关系

化学分子的结构对于其药效有着重要影响。高中化学的知识可以帮助解释各类化学官能团的性质，并通过分子模拟等方法预测和优化药物的结构。例如，立体结构、官能团的位置和种类、化学键的性质等都可能影响药物的吸收、转运和靶向性。了解这些化学分子结构与活性关系，可以指导药物的设计和合成，提高其治疗效果。

2.药物与生物体内受体的相互作用

药物通常通过与生物体内的受体结合产生效应。高中生物学的知识可以帮助理解受体的结构和功能，并揭示药物与受体的相互作用机制。例如，蛋白质、酶、核酸等分子可以作为受体，它们在细胞信号传导、代谢途径等方面发挥着重要作用。了解药物与受体的结合机制，可以指导药物的设计和优化，提高其选择性和疗效。

3.药物代谢

药物在生物体内经历代谢作用，形成不同的代谢产物。高中生物学的知识可以帮助理解药物的代谢途径和影响因素。药物代谢主要是由酶催化完成，可以改变药物的活性、药代动力学特征以及毒性等。了解药物代谢的化学基础，可以预测代谢反应类型和位置，进而指导用药剂量和调整给药方式。

4.药物输送系统

药物输送系统是将药物有效地输送到靶位点的技术和方法。高中化学和生物学的知识可以帮助理解药物输送系统的化学基础。例如，纳米粒子、脂质体、聚合物微球等载体材料可以改善药物在体内的稳定性、生物利用度和靶向性。了解这些药物输送系统的化学原理，可以指导药物的设计和优化，提高其治疗效果和减轻副作用。

高中化学和生物学的跨学科融合对于研究药物与生物相互作用的化学基础非常重要。通过了解化学分子的结构与活性关系、药物与生物体内受体的相互作用、药物代谢以及药物输送系统的化学基础，我们可以更好地理解药物在生物体内的相互作用机制，为新药的设计和开发提供指导，并促进药物的临床应用和改进。高中化学和生物学的跨学科融合将为药物研究带来更深入的理解和创新。

## 二、化学与物理学的跨学科融合策略

### （一）分子结构与能量变化的物理解释

在化学中，分子结构和能量变化是两个重要的概念。通过将高中化学教学与物理学的知识相互交叉，可以更好地理解分子结构的形成和能量的变化过程。下面将从分子结构、分子键和能量变化等方面进行探讨。

1.分子结构和物理解释

分子结构是由原子通过共价键或离子键连接而成的。物理学中的原子核和电子结构理论可以为分子结构提供解释。例如，根据波函数理论，每个原子有一组特定的能级，电子在这些能级上运动，形成原子的电子结构。当多个原子通过共价键连接时，它们的电子结构会重新排列，形成新的分子结构。

物理学理论还可解释分子中化学键的性质。共价键通过原子间的电子共享形成，物理学中的电子云模型可以解释共享电子在空间中的分布情况和共价键的强度。离子键则是由正负电荷间的相互作用力形成的，物理学中的库仑定律可以解释离子键的强度和稳定性。

2.分子键和能量变化

在分子结构形成的过程中，伴随着能量的变化。物理学中的能量守恒定律和热力学原理可以解释这些能量变化。当原子通过共价键或离子键连接时，会释放出能量，使整个系统的能量减少，这称为放热反应。相反，当分子之间的键断裂时，需要吸收能量，使整个系统能量增加，这称为吸热反应。

物理学中还有一些概念可以解释分子结构和能量变化的关系，如势能曲线和反应速率等。势能曲线描述了分子在不同构型下的势能变化趋势，以及反应路径中的势能峰和势能井。反应速率则是描述反应进行速度的物理指标，它受到活化能的影响，即构成能量差异。

（二）化学反应速率与体系动力学的物理原理研究

1.化学反应速率的定义

化学反应速率是描述化学反应进行速度的物理指标。它可以表示为单位时间内反应物消失或生成物形成的量。化学反应速率的计算通常基于反应物浓度的变化情况。例如，在 A→B 的一级反应中，反应速率可以用反应物 A 的消失速率来表示。

2.影响化学反应速率的因素

化学反应速率受到多种因素的影响。高中化学教学中，我们学习了物质的表面积、浓度、温度、催化剂和反应物质性质等对反应速率的影响。而物理学提供了更深入的解释和理解。

分子碰撞。物理学中的分子动力学理论指出，化学反应速率与分子的碰撞频率有关。更频繁的碰撞增加了反应的可能性。分子间的碰撞取决于其浓度和运动速度等因素。

活化能。活化能是化学反应进行所需的最小能量。物理学中的势能垒理论可以解释活化能的概念。当反应物的能量高于垒顶时，反应才会发生。通过提供足够的能量，如改变温度或引入催化剂，可以降低活化能从而加快反应速率。

反应物的性质。化学反应速率还受到反应物的性质的影响。例如，反应物的结构、分子大小和极性等可以影响分子之间的碰撞方式和反应路径的选择。

3.体系动力学的物理原理

体系动力学是研究多组分体系在时间和空间上的变化规律的学科。它与化学反应速率有着密切关系，可以提供对复杂反应过程的更深入理解。

平衡态和非平衡态。体系动力学理论研究了体系在平衡态和非平衡态之间转变的过程。平衡态时，反应物与生成物的浓度保持不变；非平衡态时，浓度发生变化。通过了解这种平衡态和非平衡态的变化规律，可以预测和控制反应速率。

反应动力学方程。体系动力学研究还涉及建立反应动力学方程，以描述反应物浓度随时间变化的规律。这些方程通常基于具体的反应机理和速率常数等物理参数。

相图和相变。体系动力学也研究了相图和相变过程。相图描述了物质在不同温度和压力下的相稳定性，包括液体、气体和固体等不同相的变化规律。相变过程中的能量交换与反应速率密切相关。

（三）溶液浓度与溶剂性质的物理背景分析

1.溶液浓度的定义

溶液浓度是描述溶液中溶质浓度的物理指标。它表示单位体积（或质量）内所含溶质的量。在高中化学教学中，我们学习了不同浓度表示方法，如摩尔浓度、质量浓度和体积浓度等。而物理学则提供了更深入的解释和理解。

2.溶解过程与溶剂性质

溶解过程：溶解是指固体、液体或气体溶质在溶剂中分散形成溶液的过程。物理学中的溶解过程涉及溶质颗粒与溶剂颗粒之间的相互作用。这些相互作用包括分子间的吸引力力、键合力和障碍效应等。

溶解度。溶解度是指单位体积的溶剂所能溶解的溶质的最大量。物理学中的溶解度与热力学平衡联系紧密。当溶解过程达到动态平衡时，溶质的溶解速度等于其析出速度，此时溶解度达到最大值。

溶剂性质。溶剂的性质对溶液浓度有重要影响。物理学中的溶剂性质可以从分子和宏观角度来解释。例如，极性溶剂可以与带电离子或极性分子相互作用，促进溶解过程。另外，溶剂的表面张力和扩散系数等物理参数也会影响溶解过程中的质量传递和扩散速率。

3.物理背景分析

分子间相互作用。溶解过程中，溶质与溶剂发生相互作用，这涉及到分子间的力。物理学中的分子间作用力理论，如范德华力、疏水作用和氢键等，可以解释溶质和溶剂之间的吸引力和排斥力。

动态平衡与热力学。溶解度是在动态平衡下测量的。这涉及到物理学中的热力学平衡理论，如化学势和熵的变化等。对于不同温度和压力条件下的溶解度，我们可以使用物理学的统计力学方法进行分析。

扩散和传质。溶解过程中，溶质需要在溶剂中扩散和传质。物理学中的质量传递和扩散理论可以解释溶质在溶剂中的输运过程。例如，通过浓度梯度和扩散系数的物理模型，可以描述溶质在溶剂中的传递速率。

## 三、化学与地学的跨学科融合策略

高中化学与地学的跨学科融合可以提供更全面、深入的学科知识和应用。以下是一些跨学科融合的策略，帮助丰富学生的学习体验和认识。

自然资源和化学反应。地学关注自然资源的形成、分布和利用，而化学研究物质的性质和变化。通过将这两个学科结合起来，可以深入理解自然资源的化学成分、形成过程和地球化学循环。例如，石油和天然气的形成和储存与有机物的化学反应密切相关。

环境污染与化学原理。地学研究环境的变化和污染物的分布，而化学则涉及物质的转化和分解。通过跨学科融合，可以揭示不同污染源的化学组成和作用机制，如大气污染物的生成和光化学反应。此外，也可以探讨环境治理和修复中化学技术的应用。

地球物质循环与化学平衡。地学研究地球物质的循环和转化，而化学研究物质间的平衡和化学反应。通过结合这两个学科，可以了解地球上各种元素和化合物的循环过程，如碳循环、水循环和氮循环。化学原理可以帮助解释其中的化学反应和平衡。

矿产资源与矿物学。地学关注矿产资源的形成和分布，而矿物学研究矿物的性质和组成。通过将矿物学与化学结合起来，可以更深入地了解矿物的化学成分、晶体结构和物理特性。同时，可以探索不同矿石的提取和加工过程中的化学原理和技术应用。

地球化学与化学分析。地学研究地球物质的组成和分布，而化学分析则涉及物质成分的检测和定量。通过跨学科融合，可以将地球化学的原理和方法应用于实际的化学分析中，例如岩石成分的分析和水质监测等。

在跨学科融合的教学中，可以采用多样化的教学方法，如案例研究、实验探究、模拟模型等，以培养学生的探究能力、综合分析能力和问题解决能力。同时，鼓励学生参与实地考察和科学实践活动，以加深对地学和化学的理解和应用。

## 四、化学与材料科学的跨学科融合策略

高中化学和材料科学都是重要的学科领域，它们之间存在紧密的联系和互动。化学提供了研究物质结构、组成和变化的基础知识，而材料科学则关注物质在不同环境下的性能、制备和应用。将化学和材料科学进行跨学科融合，可以帮助学生更好地理解和应用化学原理于材料的研究和应用。

（一）材料在化学反应中的应用

材料在化学反应中起着重要的作用。通过介绍不同材料在催化剂、吸附剂和电极等方面的应用，使学生了解材料对化学反应速率、选择性和效果的影响。同时，也可以介绍材料用于的各种化学分析方法，如光谱分析和色谱分离等。通过实验和案例研究，学生能够深入探索材料在不同化学反应中的重要作用。

（二）材料的微观结构与材料性能

化学提供了理解物质微观结构的基础，而材料科学关注材料的宏观性能。通过将两者相结合，可以帮助学生了解不同材料的微观结构如何影响其宏观性能，例如金属的晶格结构、陶瓷的缺陷和聚合物的链结构等。通过实验和模拟计算，让学生直观地感受不同结构对材料性能的影响。

（三）材料制备与化学反应的联系

材料的制备过程往往涉及到不同的化学原理和反应。通过介绍材料制备过程中所使用的化学方法，如溶胶凝胶法、沉积法和电化学合成等，让学生了解不同反应条件对材料结构和性能的影响。同时，也可以引入不同材料制备技术的案例，如薄膜制备、纳米材料合成和复合材料制备等，激发学生对材料制备与化学反应的兴趣。

（四）可持续发展与材料设计

可持续发展是当今社会面临的重要挑战之一，也是材料科学的重要方向。通过将化学的可再生能源和绿色化学原理与材料设计的环境友好性相结合，培养学生可持续发展的意识和创新能力。引导学生探索材料在能源存储、环境保护、可降解材料和循环经济等领域的应用，让学生思考如何设计和开发符合可持续发展要求的材料。

（五）实验探究与项目设计

实验是培养学生科学思维和实践能力的重要手段。通过设计涉及不同材料的实验，让学生亲自操作和观察，理解材料结构、化学反应和性能之间的关系。同时，鼓励学生进行项目设计，让他们选择特定的材料和化学反应来解决实际问题，培养他们的创新能力和综合应用能力。

（六）学科融合的教学方法与资源

为了有效实施高中化学与材料科学的跨学科融合，可以采用多样化的教学方法和资源。例如，结合案例研究，引导学生分析不同材料在化学反应及应用方面的实际问题；通过实验探究，让学生亲自操作和观察，加深对材料性质和化学反应的理解；利用模拟计算和实际观测等手段，让学生深入研究材料结构与性能之间的关系。此外，还可以利用科学文献、科普读物和科学网站等资源，扩展学生的知识视野和学科交叉的认识。

高中化学与材料科学的跨学科融合能够帮助学生更全面地认识和应用化学原理于材料的研究和应用。通过引入实际材料案例、深入探究材料微观结构与宏观性能的关系、理解材料制备与化学反应之间的联系、关注可持续发展和实施实验探究与项目设计等策略，能够提高学生对化学和材料科学的兴趣和学习动力，培养他们的创新能力和综合素质。同时，教师可以采用多样化的教学方法和资源，激发学生的好奇心和参与度，促进他们的综合学习能力发展。

## 五、化学与环境科学的跨学科融合策略

化学和环境科学都是高中学生必修的学科，它们之间存在紧密的联系和互动。化学提供了研究物质结构、组成和变化的基础知识，而环境科学关注人类活动对自然环境的影响和环境问题的解决方式。将化学和环境科学进行跨学科融合，可以帮助学生更好地理解和应用化学原理于环境保护和可持续发展。

（一）环境污染与化学品

化学在环境污染方面扮演着重要的角色。通过介绍不同化学品如工业废水、大气排放物以及化学肥料和杀虫剂等对环境造成的污染，使学生了解化学品的种类、性质及其对环境和健康的影响。同时，还可以引导学生讨论化学品的生

命周期和循环利用，培养学生对环境污染问题的认识和环境保护意识。

（二）化学反应与环境

化学反应是对物质结构和组成进行改变的过程，它们也会对环境产生直接或间接的影响。通过介绍不同类型的化学反应，如燃烧反应、酸碱中和反应和氧化还原反应等，让学生了解这些反应对环境的影响，并引导他们探讨如何减少或避免对环境的负面影响。此外，可以介绍环境友好的化学反应和绿色合成方法，培养学生对可持续发展的意识和绿色化学的理念。

（三）环境监测与分析

环境科学的一个重要方向是环境监测与分析，而化学提供了可用于环境样品的采集和分析的丰富的方法和技术。通过介绍常见的环境监测方法，如水质监测、大气污染物检测和土壤分析等，让学生了解不同环境因子的测量方法和分析技术。同时，可以通过实验和案例研究，让学生自己进行环境样品的采集和分析，培养他们的实验技能和数据处理能力。

（四）可持续发展与绿色化学

可持续发展是当今社会面临的重要挑战之一，也是环境科学的核心理念。将化学与可持续发展的概念相结合，引导学生探索绿色化学原则和环境友好的化学产品与技术。例如，介绍可再生能源的利用和储存、环境友好材料的设计和生产以及废弃物的资源化利用等方面的内容。通过案例分析和讨论，培养学生对可持续发展和环境保护的意识，并促使他们思考如何在化学领域中贡献于可持续发展。

（五）实验探究与项目设计

实验是培养学生科学思维和实践能力的重要手段。通过设计涉及化学与环境科学的实验，让学生亲自操作和观察，深入理解化学原理对环境的影响和应用。同时，鼓励学生进行项目设计，选择特定的环境问题并提出解决方案，培养他们的创新能力和综合应用能力。

（六）学科融合的教学方法与资源

为了有效实施高中化学与环境科学的跨学科融合，可以采用多样化的教学方法和资源。例如，结合案例研究，引导学生分析化学品对环境造成的影响和环境污染问题的解决方式；通过实验探究，让学生实际操作和观察，加深对化学反应和环境影响的理解；利用科学文献、科普读物和科学网站等资源，拓展学生的知识视野和对学科交叉的认识。

将化学与环境科学进行跨学科融合，可以帮助学生更全面地认识和应用化学原理于环境保护和可持续发展。通过介绍环境污染与化学品、化学反应与环境、环境监测与分析、可持续发展与绿色化学等内容，并结合实验探究和项目设计，能够提高学生对化学和环境科学的兴趣和学习动力，培养他们的创新能力和综合素质。同时，教师可以采用多样化的教学方法和资源，激发学生的好奇心和参与度，促进他们的综合学习和能力发展。

## 六、化学与社会科学的跨学科融合策略

高中化学和社会科学是学生在高中阶段必修的两门学科，它们分别关注物质结构、物质变化及其应用和社会现象、人类行为等。将化学和社会科学进行跨学科融合，可以帮助学生更好地理解和应用化学原理于社会现实问题和人类行为研究。

（一）化学与环境

环境问题是社会科学的一个重要领域，而化学提供了研究物质在环境中的变化、迁移和转化的基础知识。通过介绍不同类型的环境污染物（如大气污染物、水污染物和土壤污染物）对环境和人类健康的影响，让学生了解化学品的特性和处理方法，并引导他们思考环境保护和可持续发展的重要性。

（二）化学与食品安全

食品安全是当前社会普遍关注的问题之一，而化学在食品生产、加工和检测中起着重要作用。通过介绍食品中常见的化学物质（如农药残留、食品添加剂）以及对食品质量和安全的影响，让学生了解食品安全监测和控制的重要性。同时，可以引导学生关注食品标识和产品信息，培养他们在购买和消费食品时的理性思考和判断能力。

（三）化学与能源

能源是社会经济发展和可持续发展的核心问题，而化学提供了可理解和应

用的能源转化、存储和利用的基础知识。通过介绍不同类型的能源（如化石能源、可再生能源）及其对环境和气候变化的影响，让学生了解能源选择和能源转型的重要性。同时，可以引导学生思考能源技术的发展与社会经济的关系，并讨论可持续能源的开发和利用策略。

（四）化学与医药领域

医药领域是社会科学关注的重要方向之一，而化学在药物研发、药物分析和药物治疗等方面起着至关重要的作用。通过介绍药物的化学结构、作用机理以及临床应用，让学生了解化学在医药领域中的贡献和重要性。同时，可以引导学生思考药物开发与药品安全、个体差异和社会公平等问题，并探讨药物政策和医疗资源分配的社会影响。

（五）化学与可持续发展

可持续发展是当今社会面临的重要挑战之一，而化学在可持续发展中发挥着重要作用。通过介绍绿色化学原则、环境友好产品的设计和生产，让学生了解化学对可持续发展的意义和应用。同时，可以引导学生思考技术创新与社会变革的关系，探索可持续发展与社会经济的平衡点，并讨论在日常生活中如何采取环保行动和支持可持续发展。

（六）跨学科合作与项目设计

为了有效实施高中化学与社会科学的跨学科融合，可以鼓励学生进行跨学科合作和项目设计。例如，组织学生进行调研和实地考察，深入了解相关领域的现状和问题；引导学生选择特定的社会问题或者具体的案例，进行科学研究或项目设计，并提出解决方案。通过这样的学习方式，能够培养学生的团队协作、创新思维和解决实际问题的能力。

（七）教学方法与资源的多样化应用

为了促进高中化学与社会科学的跨学科融合，教师可以采用多种多样的教学方法和资源。例如，通过案例分析和讨论，引导学生理解化学知识在社会问题中的应用；利用科学文献、媒体报道和科普读物等资源，拓宽学生的知识视野和对学科交叉的认识；利用信息技术和模拟软件，帮助学生模拟和分析复杂的化学与社会问题等。

将高中化学与社会科学进行跨学科融合，可以帮助学生更全面地认识和应用化学原理于社会现实和人类行为研究。通过关联环境、食品安全、能源、医药领域和可持续发展等内容，并鼓励跨学科合作和项目设计，能够提高学生对化学和社会科学的兴趣和学习动力，培养他们的创新能力和社会责任感。同时，教师可以采用多样化的教学方法和资源，激发学生的好奇心和参与度，促进他们的综合学习和能力发展。

## 第三节　跨学科教学在素养本位教学中的应用案例

### 案例一：化学与生物学的融合

跨学科教学是一种能够激发学生兴趣、提高学习效果的教学方法。在高中化学素养本位教学中，将化学与其他学科进行融合可以帮助学生更好地理解和应用化学知识。其中，化学与生物学的融合具有重要的意义，可以让学生深入了解生物大分子的结构和功能、代谢反应等方面的化学基础，并且培养学生的科学思维和实验技能。

（一）案例背景：

在高中化学课程中，学生通常学习有机化学、无机化学等基础知识。而在生物学课程中，学生学习生物大分子，如蛋白质、核酸、多糖等的结构和功能。通过将这两门学科进行融合，可以帮助学生更加深入地理解生物大分子的化学基础，并在实验中应用所学知识。

（二）案例内容：

本案例将以生物大分子的结构和功能为中心，通过实验和学生团队合作的方式，让学生深入探究生物大分子与化学之间的关系。

步骤一：背景知识引入

教师简要介绍生物大分子的结构和功能，包括蛋白质的氨基酸序列、核酸的碱基配对和 DNA 双螺旋结构等。同时，教师还可以向学生介绍相关的实际应用，比如药物研发、生物工程等领域。

步骤二：实验设计

教师设计一个实验项目，让学生团队合作完成。实验的目标是从食物样品中提取并检测出蛋白质和核酸。具体步骤如下：

选择一种食物样品，例如豆浆或奶制品；

将食物样品加热至一定温度，使其中的蛋白质变性；

使用化学方法（如酸或酶）将食物样品中的蛋白质水解成氨基酸；

利用某种实验室仪器或试剂，检测出水解产物中的氨基酸；

从食物样品中提取核酸，并通过凝胶电泳等方法检测出其中的碱基序列。

步骤三：实验执行与数据分析

学生团队按照实验设计进行实验，并记录实验过程和结果。他们应该能够观察到蛋白质的变性和水解产生的氨基酸，以及从核酸中分离出的碱基序列。学生需要将实验结果进行整理和分析，并结合其化学和生物学知识解释实验现象。

步骤四：讨论和总结

学生团队在课堂上展示实验结果，并与全班同学进行讨论。通过这样的案例，学生将能够深入理解生物大分子与化学之间的联系，同时培养他们的科学思维和实验技能。

## 案例二：化学与环境科学的结合

跨学科教学是一种有助于学生综合能力提升的有效方法。在高中化学素养本位教学中，将化学与其他学科进行融合可以帮助学生更好地理解和应用化学知识。其中，化学与环境科学的结合具有重要的意义，可以让学生深入了解化学在环境保护和治理方面的应用，并培养他们的环境意识和问题解决能力。

（一）案例背景：

在高中化学课程中，学生通常学习化学反应原理、溶液浓度计算等基础知识。而在环境科学课程中，学生需要了解环境污染物的来源和性质，以及相关的治理技术。通过将这两门学科进行融合，可以帮助学生更加深入地了解化学在环境问题解决中的应用，并在实践中运用所学知识。

（二）案例内容：

本案例将以水质监测与净化为主题，通过实验和讨论的方式，让学生探索化学与环境科学之间的联系。

步骤一：背景知识引入

教师简要介绍水质监测和净化的重要性，以及常见的水污染物和相关的治理技术。同时，教师还可以向学生介绍相关的实际案例，比如水环境中的有机物、重金属等污染物对生态系统和人类健康的影响。

步骤二：实验设计

教师设计一个水质监测与净化的实验项目，让学生团队合作完成。实验的目标是从不同水样中检测出污染物，并通过适当的方法进行净化。具体步骤如下：

收集来自不同来源（如自来水、河水、湖水等）的水样；

利用适当的分析方法，测试水样中的污染物含量，比如重金属离子、有机污染物等；

根据实验结果，选择合适的净化方法（如沉淀、吸附、氧化等），尝试将水样中的污染物去除或降低其至安全标准；

测试经过净化处理后的水样，以评估净化效果。

步骤三：实验执行与数据分析

学生团队按照实验设计进行实验，并记录实验过程和结果。他们应该能够观察到污染物含量的变化以及净化方法对水质的影响。学生需要将实验结果进行整理和分析，并结合其化学和环境科学知识解释实验现象。

步骤四：讨论和总结

学生团队在课堂上展示实验结果，并与全班同学进行讨论。教师引导学生一起探讨实验中所观察到的现象与他们的化学和环境科学知识之间的联系。同时，讨论净化方法的优劣和适用范围，以及在实际环境中应用的可能性。

步骤五：实践拓展

教师可以引导学生进一步思考和研究，例如：

探索更多的水质监测方法，如光谱分析、电化学分析等；

研究不同类型的污染物对水质的影响，并深入了解相关的治理技术；

调查当地的水污染问题，并提出相应的解决方案。

通过这样的案例，学生将能够深入了解化学在环境保护和治理中的应用，并培养他们的环境意识和问题解决能力。同时，他们还可以通过实验和讨论的方式，提高科学实验和数据分析的能力。

## 案例三：化学与历史文化的交叉

跨学科教学是一种能够激发学生兴趣、提高学习效果的教学方法。在高中化学素养本位教学中，将化学与其他学科进行融合可以帮助学生更好地理解和应用化学知识。其中，化学与历史文化的交叉具有重要的意义，可以让学生了解化学在人类历史和文化中的作用，并培养他们的综合思考能力和文化意识。

（一）案例背景：

在高中化学课程中，学生通常学习化学元素、原子结构、化学反应等基础知识。而在历史课程中，学生学习人类历史的不同阶段、文化的演变等内容。通过将这两门学科进行交叉，可以帮助学生了解化学在文化和历史中的重要作用，并将其学习应用于实际情境中。

（二）案例内容：

本案例将以染料与古代文明为主题，通过实验和讨论的方式，让学生探索化学与历史文化之间的联系。

步骤一：背景知识引入

教师简要介绍染料在古代文明中的应用，如埃及的靛蓝染料、中国的蚕丝染色等。同时，教师还可以向学生介绍染料的基本原理，包括染料分子与纺织品之间的相互作用等。

步骤二：实验设计

教师设计一个染料制备和染色的实验项目，让学生团队合作完成。实验的目标是制备某种天然染料，并使用该染料对棉布等材料进行染色。具体步骤如下：

选择某种植物或昆虫来制备染料，例如木蓝花、苏木等；

利用适当的方法从植物中提取染料，如水浸提取、酒精提取等；

将提取得到的染料与纺织品（如棉布）进行染色实验，观察染色效果并记录结果；

通过化学分析方法（如紫外-可见光谱）对染料样品进行定性或定量分析。

步骤三：实验执行与数据分析

学生团队按照实验设计进行实验，并记录实验过程和结果。他们应该能够观察到染料的提取过程，以及染色后纺织品的颜色变化。学生需要将实验结果进行整理和分析，并结合其化学和历史文化知识解释实验现象。

步骤四：讨论和总结

学生团队在课堂上展示实验结果，并与全班同学进行讨论。教师引导学生一起探讨实验中所观察到的现象与他们的化学和历史文化知识之间的联系。同时，讨论染料在不同文明中的重要性、染料制备的工艺和染色技术的传承等方面的问题。

步骤五：实践拓展

教师可以引导学生进一步思考和研究，例如：

调查染料在其他古代文明中的应用，如印度的蓝靛染料、日本的天然染料等，并比较不同文化背景下染料的特点和应用；

研究染料制备过程中的化学反应机理，了解不同染料分子与纤维之间的相互作用；

探讨现代染料与传统染料的差异，以及现代染料工业对环境的影响。

通过这样的案例，学生将能够深入了解化学在历史和文化中的作用，并培养他们的综合思考能力和文化意识。同时，通过实验和讨论的方式，他们还可以提高科学实验和数据分析的能力，并将所学知识应用于实际情境中。

## 案例四：化学与材料科学的整合

跨学科教学是一种有助于学生综合能力提升的有效方法。在高中化学素养本位教学中，将化学与其他学科进行融合可以帮助学生更好地理解和应用化学知识。其中，化学与材料科学的整合具有重要的意义，可以让学生深入了解化学在材料制备、性能分析和应用方面的作用，并培养他们的创新能力和实践技能。

（一）案例背景：

在高中化学课程中，学生通常学习化学反应、物质的性质等基础知识。而在材料科学中，学生需要了解不同材料的制备方法、结构特征以及相关的性能和应用。通过将这两门学科进行整合，可以帮助学生更加深入地理解和应用化学知识，同时拓宽他们对材料科学的认识。

（二）案例内容：

本案例将以纳米材料的合成和应用为主题，通过实验和项目设计的方式，让学生探索化学与材料科学之间的联系。

步骤一：背景知识引入

教师简要介绍纳米材料的概念和特点，及其在各个领域中的应用。教师还可以向学生介绍纳米材料的制备方法，如溶液法、气相沉积等，并解释其背后的化学原理。

步骤二：实验设计

教师设计一个纳米材料的合成实验项目，让学生团队合作完成。实验的目标是制备某种纳米材料，并研究其结构和性能。具体步骤如下：

选择一种常见的纳米材料，如金纳米颗粒、二氧化钛纳米管等；

根据已有的合成方法，设计适合自己实验条件的制备方案，并进行实验操作；

通过电子显微镜、X 射线衍射等技术对合成得到的纳米材料进行形貌和结构分析；

通过吸附性能、光催化性能等测试手段，评估合成纳米材料的性能。

步骤三：实验执行与数据分析

学生团队按照实验设计进行实验，并记录实验过程和结果。观察纳米材料的形貌特征、晶体结构及其在各种性能测试中的表现。学生需要将实验结果进行整理和分析，并结合化学和材料科学知识解释实验现象。

步骤四：讨论和总结

学生团队在课堂上展示实验结果，并与全班同学进行讨论。教师引导学生一起探讨实验中所观察到的现象与化学和材料科学知识之间的联系。同时，讨论纳米材料在不同应用领域中的潜在价值和挑战。

步骤五：实践拓展

教师可以引导学生进一步思考和研究，例如：

调查不同纳米材料的制备方法和应用，比较它们的性能差异和适用范围；

探索纳米材料在能源领域、环境治理、生物医药等方面的应用，并了解相关的研究进展；

讨论纳米材料制备过程中的化学反应机理，探究对纳米结构形貌和性能的影响因素。

通过这样的案例，学生将深入了解化学在材料科学中的作用，并培养他们的创新能力和实践技能。同时，通过实验和项目设计的方式，还可以提高学生科学实验和数据分析的能力，并将所学知识应用于实际情境中。

# 第七章　素养本位教学下的家校合作与支持

## 第一节　家校合作与支持的意义与目的

### 一、家校合作的意义

（一）共同培养学生的全面素养

学业发展。高中是学生准备迎接高考的重要阶段，家校合作可以帮助学生制定合理的学习计划，提供必要的学习资源和指导，增强学生的学习动力和效果。

品德修养。家校合作可以共同培养学生的道德品质、价值观念和社会责任感，通过学校教育和家庭教育相结合，塑造学生良好的品德和行为规范。

兴趣特长。学校和家庭共同关注学生的兴趣爱好和特长发展，搭建相应的平台和机会，培养学生的特长技能，帮助其全面发展。

（二）提高学生学习成绩和综合素质

学习环境和资源。家庭可以为学生提供良好的学习环境，创造安静、舒适的学习条件；而学校则提供丰富的学科资源、实验设备等，共同为学生提供优质的学习资源。

教育信息和指导。家长通过与教师的沟通交流，了解学生在学校中的学习情况，并及时反馈问题和困难，教师则提供针对性的指导和辅导，帮助学生克服困难，提高学习成绩。

学业规划和职业指导。学校和家庭共同关注学生的学业规划和职业发展，并提供相关的咨询和指导，帮助学生明确自己的兴趣、目标，制定学习和职业规划。

（三）促进学校和家庭之间的密切联系与互动

开展家长会议和家访活动。学校可以定期组织家长会议，与家长进行面对面的交流，分享学生在学校的表现和进步，并听取家长的意见和建议。同时，开展家访活动，深入了解学生家庭的环境和需求。

教育讲座和亲子活动。学校可以邀请专家开展教育讲座，提供育儿知识和教育技巧，帮助家长更好地了解学生的成长与发展。此外，举办亲子活动，增进学校和家庭之间的情感联系，促进家长参与学校教育活动。

及时沟通与反馈。学校和家长应保持畅通的沟通渠道，及时交流学生在学校表现和问题，共同探讨解决方案，并定期对学生学习和行为进行评价，帮助家长及时了解学生的学业进展和发展情况。

（四）增强学生的自信心和责任感

家校合作可以为学生提供更多机会参与学校和社区的活动，如课外竞赛、志愿者服务等，通过这些活动培养学生的领导才能、团队合作精神和社会责任感。

学校和家庭共同关注学生的心理健康，并对其提供相应的心理辅导和支持，从而帮助学生建立积极的人生态度和自信心，面对挑战和困难时能够更有勇气和更加坚定。

（五）加强学校和社会的联系与融合

学校与社会资源的对接。通过家校合作，学校可以借助家长的社会资源，与企事业单位、社区组织等建立紧密联系，提供学生实习、实践机会，使学生能够更好地了解社会需求和就业形势。

家长参与学校管理和决策。学校可以邀请家长代表参与学校的管理和决策，共同制定学校的教育目标和发展规划，加强学校与家庭之间的合作与协商。

## 二、家校合作的目的

高中家校合作的目的是为了促进学生全面发展、提高教育质量，并实现学校和家庭共同育人的目标。通过密切的合作与互动，学校和家庭可以共同关注学生的学业进展、品德培养、兴趣特长等方面，并对学生提供必要的支持和指导，营造良好的学习环境和家庭氛围。下面将详细阐述高中家校合作的目的。

（一）促进学生全面发展

学业发展。高中家校合作旨在帮助学生制定合理的学习计划、提供学科辅导和资源支持，提高学生成绩并增强学习能力。

品德修养。家校合作致力于共同培养学生良好的道德品质、价值观念和社会责任感，通过学校与家庭的共同努力，引导学生形成正确的行为规范和健康的生活态度。

兴趣特长。学校和家庭合作培养学生的兴趣爱好和特长才能，并为学生提供相应的机会和资源，帮助学生发掘自我潜能，实现全面发展。

（二）提高教育质量

学校与家庭密切配合，共同制定教育目标和计划，确保学校教育与家庭教育相互衔接，形成良好的教育合力。

家长通过与教师的沟通交流与反馈，及时了解学生在学校中的表现和困惑，教师则可以根据家长的反馈调整教学策略，提高教学效果。

通过家校合作，学校能够充分利用家长的社会资源和专业知识，丰富学校教育的内容和方式，提升教育质量。

（三）促进学校与家庭的紧密联系

学校与家庭建立起有效的沟通渠道，畅通双方之间的信息交流，增强沟通和信任，形成紧密的家校合作关系。

学校定期组织家长会议和亲子活动，邀请家长参与学校的教育活动，加强家庭与学校之间的情感互动，增进了解。

学校与家庭共同为学生的成长和发展提供支持与指导，形成学校、家庭和社会共同育人的良好局面。

（四）培养学生的自主学习能力和责任感

学校和家庭合作培养学生的自主学习能力，鼓励他们主动探索和解决问题，培养良好的学习习惯和学习方法。

通过家校合作，学生能够建立正确的学习观念，明确学习目标，并承担起属于自己的学业责任，提高自我管理和自我约束能力。

（五）共同促进学生综合素质的提升

学校和家庭合作关注学生的综合素质发展。高中家校合作的目的是为了促进学生全面发展、提高教育质量，并实现学校和家庭共同育人的目标。

促进学术成就。通过家校合作，学校和家庭可以共同关注学生的学业进展，帮助学生制定合理的学习计划，提供学科辅导和资源支持，激发学生学习的兴趣和动力，提高学生的学术成就。

培养品德素养。家校合作致力于共同培养学生的道德品质和社会责任感。学校和家庭共同关注学生的品德修养，传递正确的价值观念，引导学生形成良好的行为规范和健康的生活态度。

发展兴趣特长。学校和家庭合作培养学生的兴趣爱好和特长才能。通过提供丰富多样的课外活动和资源支持，鼓励学生积极参与社团、俱乐部以及其他相关活动，帮助学生发掘和培养自己的兴趣爱好和特长能力。

提升教育质量。高中家校合作可以提高教育质量。学校与家庭密切配合，共同制定教育目标和计划，形成有机的教育体系。通过与家长的沟通交流，及时了解学生在学校和家庭中的表现，从而调整教学策略和家庭教育方式，提高教育质量。

增强家校联系。家校合作可以增强学校与家庭之间的联系与互动。学校建立有效的沟通渠道，定期组织家长会议、亲子活动等，促进家校之间的情感互动和了解。通过家长参与学校管理和决策，共同关注学生的成长发展，形成紧密的家校合作关系。

## 第二节　素养本位教学下家校合作与支持的策略

### 一、增强家长参与意识

学校可以定期举办家长会议，邀请家长参与并了解学校的教育理念和教学方案。家长会议可以是学校与家长进行及时沟通和交流的平台。学校可以通过家长会议向家长介绍学校的教育目标、教学计划和相关政策，并邀请家长提出自己的意见和建议。这样能够增加家长对学校教育工作的了解，促进学校和家庭之间的密切联系。

学校可以发布家长参与活动的信息，鼓励家长积极参与学生的学习和成长过程。学校可以定期组织各类活动，如亲子游戏、亲子阅读、亲子体验等，通过这些活动可以增进家长与孩子之间的互动与交流，促进亲子关系的发展。同时，学校还可以邀请家长到校参观、观摩课堂，了解孩子在学校的学习和生活情况。这样能够让家长更多地了解到学校教育的实际情况，增强家长的参与意识。

学校可以为家长提供培训课程或工作坊，帮助他们获取关于素养教育的知识和技巧。针对不同年龄段的学生，学校可以开设相应的家长培训班，培养家长关注学生综合素养发展的意识，并向他们传授一些与素养本位教育相关的知识和方法。在培训课程中，学校可以邀请专家或教师进行授课，介绍素养本位教育的理念和方法，分享教育心得和经验。通过这些培训，家长能够更好地了解素养本位教育的重要性，并掌握一些有效的教育策略，从而更好地支持和指导孩子的学习和成长。

学校可以向家长提供家庭教育指南和资源，帮助他们在日常生活中培养学生的素养。学校可以通过出版家庭教育指南、开发家庭教育 APP 等方式，向家长提供相关的教育资源和指导。这些资源可以包括与素养本位教育相关的教育理念、亲子相处的方法、心理健康的养成等方面的内容。此外，学校还可以组织一些家庭教育讲座或工作坊，邀请专家为家长讲解家庭教育的重要性和实施方法，并分享一些家庭教育的案例和经验。通过这些措施，学校能够帮助家长更好地了解素养本位教育的要求，并对家长提供支持和指导。

学校可以建立家校互通的沟通机制，鼓励家长与教师交流并提供反馈意见，以改进教学和学校管理。学校可以设立家长咨询热线或开设家长问题解答平台，让家长能够方便地向学校提问、咨询和反馈。同时，学校还可以定期邀请家长到校与班主任或任课教师进行面对面的交流和沟通，了解孩子在学校中的表现和需求。此外，学校还可以通过家长代表或家委会等形式，与家长代表进行定期会议，听取家长的意见和建议，并将其转化为具体的行动。这样能够加强学校与家庭之间的沟通与合作，促进共同育人的目标实现。

学校可以组织家长参与学校活动和课程，让他们能够亲身体验学生的学习环境并与教师、其他家长进行交流。学校可以定期邀请家长参观学校，了解学校的教学设施和环境；还可以邀请家长参加学生的展示活动、文化节、运动会等，与孩子一同参与学校的文化生活。同时，学校还可以鼓励家长参与学科教学，如开设家长讲座、邀请家长担任专题课的嘉宾讲师等。这样能够增进家长对学校和教育工作的了解，促进家校合作的深入开展。

学校可以建立一个合作共同体，让家长成为学校发展的伙伴。学校可以定期组织家长代表与学校领导和教师进行会议，共同讨论学校的发展方向、教育改革等重大决策。通过这种方式，家长能够参与学校管理和决策过程，提供自己的意见和建议，形成家校共同育人的理念和行动。此外，学校还可以鼓励家长之间的合作与协作，例如组织家长志愿者团队，参与学校的各类活动和项目。通过这种方式，家长之间能够互相支持和分享经验，形成紧密的家庭与学校合作关系。

## 二、提供家庭教育指导

在素养本位教学下，家校合作与支持的策略之一是提供家庭教育指导。家庭教育对于学生的全面发展起着重要的作用，而学校可以通过提供相关的家庭教育指导，帮助家长更好地把握教育方法和策略，促进孩子的成长和学习。以下将详细探讨如何提供家庭教育指导，并提供相应的策略。

首先，学校可以为家长提供家庭教育培训课程或工作坊。这些培训课程可以包括如何进行亲子沟通、如何培养孩子的良好习惯、如何引导孩子的学习兴趣等方面的内容。培训课程可以由学校教师或专业的家庭教育专家来讲授，他们可以向家长介绍最新的家庭教育理念和研究成果，并分享实践经验。通过这些培训，家长能够了解到科学的家庭教育方法和策略，从而更好地引导孩子的成长。

其次，学校可以为家长提供家庭教育指南和资源。学校可以编写家庭教育指南，向家长介绍如何进行有效的家庭教育，如何培养孩子的素养等方面的内容。指南中可以包括一些具体的方法和技巧，例如如何与孩子进行有效的沟通、如何设立目标并制定计划、如何在家庭中创造积极的学习环境等。此外，学校还可以为家长提供相关的书籍、文章、视频等资源，让他们能够进一步了解家庭教育的重要性和可行性，在日常生活中更好地实施家庭教育。

另外，学校可以定期组织家长讲座或座谈会，邀请专家或有经验的家长来分享家庭教育的心得和经验。这样的活动可以是一个交流和互动的平台，让家长们能够相互学习和借鉴。学校可以邀请家长代表作报告，分享自己在家庭教育中的成功案例和经验，并与其他家长进行交流和讨论。这样能够激发家长的参与意识，增强他们对家庭教育的信心，同时还能够促进家长之间的交流和合作。

此外，学校还可以组织亲子活动，加强家庭与学校之间的互动。这些活动可以包括亲子游戏、亲子阅读、亲子体验等，通过这些活动，可以增进家长与孩子之间的情感交流，促进亲子关系的发展。在这些活动中，学校可以为家长提供相应的指导，让他们能够更好地引导孩子参与活动，并从中获得成长和学习的机会。

最后，学校可以建立一个家长群体，在群体中为家长提供相互支持和帮助。学校可以组织家长代表或家委会，定期举行会议和座谈，让家长们有机会分享彼此的经验和问题，并共同探讨解决方案。此外，学校还可以通过社交媒体平台或在线论坛等方式，建立一个家长交流的平台，并安排专人负责回答家长们的疑问和提供支持。通过这种形式的互动和交流，家长们能够感受到学校对于家庭教育的关注和支持，也能够获得来自其他家长的帮助和建议。

## 三、加强沟通与反馈

在素养本位教学下，加强家校合作与支持的策略之一是加强沟通与反馈。有效的沟通和及时的反馈可以促进家校之间的理解、协作和共同成长。以下将详细探讨如何加强家校沟通与反馈，并提供相应的策略。

首先，学校可以建立多种沟通渠道，方便家长与教师进行交流。学校可以设立家长咨询热线或开设家长问题解答平台，在这些平台上，家长可以方便地向学校提问、咨询和反馈。同时，学校还可以借助现代科技手段，如电子邮件、手机短信、社交媒体等，与家长保持密切联系，及时传达重要信息。此外，学校还可以定期邀请家长到校与班主任或任课教师进行面对面的交流和沟通，了解孩子在学校中的表现和需求。通过建立多样化的沟通渠道，能够满足家长的不同需求，促进家校之间的良好沟通。

其次，学校可以定期向家长提供关于学生学习情况和学校工作的反馈。学校可以定期举行家长会议，向家长介绍学生的学习情况、成绩和表现，并与家长共同探讨孩子的进步和改进方向。此外，学校还可以通过学生作业、学习记录等形式，向家长展示孩子的学习成果，并提供相应的评价和建议。同时，学校还可以定期发放学校通讯、班级通知等文档，向家长传达学校的相关政策、活动和重要信息。通过这些方式，能够使家长及时了解孩子的学习状况，参与到孩子的教育中来，并与学校保持良好的合作关系。

另外，学校可以积极征求家长的意见和建议，并将其纳入到学校管理和决策中。学校可以通过家长代表或家委会等形式，与家长代表进行定期会议，听取家长的意见和建议，并将其转化为具体的行动。学校可以邀请家长参加学校各类委员会、小组或工作坊，让他们有机会参与学校的决策和规划。此外，学校还可以定期开展家长满意度调查，了解家长对学校工作的评价和意见，并据此进行改进和优化。通过积极征求家长的意见和建议，能够增强学校与家长之间的沟通和合作，实现共同育人的目标。

最后，学校还可以定期举行家长参观活动，让家长们有机会亲身感受学生的学习环境和教学氛围。学校可以定期开放校园，邀请家长来校参观，了解学校的教学设施和环境，并与教师、学生进行交流和互动。此外，学校还可以邀请家长参加学生的展示活动、文化节、运动会等，与孩子一同参与学校的各种活动。通过参观和参与学校活动，家长们能够更加全面地了解孩子在学校中的学习和成长情况，同时也能够与教师、学生建立更为密切的联系，促进家校之间的互动和合作。

## 四、提供资源支持

在素养本位教学下，家校合作与支持的策略之一是提供资源支持。为了促进学生的全面发展和个性化学习，学校可以通过提供各种资源支持，帮助家长更好地参与学校教育，从而达到优化教育效果的目标。以下将详细探讨如何提供资源支持，并提供相应的策略。

首先，学校可以建立一个信息共享平台，向家长提供教育相关的资源。这个平台可以包括学习资料、教育视频、教育文献等，涵盖多个学科和领域。学校可以邀请优秀教师或专家，录制教学视频或开设在线课程，供家长观看和学习。此外，学校还可以收集整理学习资料和教育文献，提供给家长进行查阅和借阅。通过这样的信息共享平台，家长可以随时获取到最新的教育资源，帮助他们更好地了解学校教育的内容和方法，引导孩子的学习。

其次，学校可以举办专题讲座和研讨会，向家长介绍教育资源和教育理念。学校可以邀请教育专家、行业领导或有经验的教师，就特定的教育主题进行讲座和培训。这些讲座和研讨会可以涵盖多个方面，如创意教育、STEM 教育、小儿心理发展等。通过这样的活动，家长可以了解到最新的教育趋势和研究成果，获取教育资源的线索，并且能够与其他家长交流和分享经验。

另外，学校可以提供学习工具和设备，支持家庭教育的开展。学校可以向家长提供一些学习工具和教育设备，如阅读材料、学习软件、科学实验装置等。这些学习工具和设备可以帮助家长更好地辅导和指导孩子的学习，提供更加丰富和多样化的学习体验。同时，学校还可以为家庭教育提供技术支持，教授家长使用相关的教育软件和在线学习平台，使他们能够更好地利用现代技术手段辅助孩子的学习。

此外，学校可以建立社区合作网络，与社区资源进行对接。学校可以与公共图书馆、科技馆、博物馆、艺术机构等建立合作关系，争取借阅或优惠入场券，让家庭可以免费或低成本地获得这些资源。此外，学校还可以组织家长和学生参观这些机构，并提供相应的解读和指导，使家庭教育与社区资源有机结合，为孩子开拓更大的视野和知识面。

最后，学校可以定期举办家长工作坊或课程，帮助家长提升家庭教育能力。学校可以邀请专业的家庭教育专家，就家庭教育方面的理论和实践进行指导。家长工作坊可以涵盖多个主题，如亲子沟通、家庭习惯培养、情绪管理等。通过这样的工作坊或课程，家长可以学习到相关的知识和技能，并且能够在实践中不断改进和提升自己的家庭教育水平。

## 五、建立合作共同体

在素养本位教学下，建立合作共同体是加强家校合作与支持的重要策略之一。通过建立合作共同体，可以打破传统的教育壁垒，实现家校的紧密合作，共同促进学生的全面发展和个性化学习。以下将详细探讨如何建立合作共同体，并提供相应的策略。

首先，学校可以积极邀请家长参与学校的决策和规划过程。学校可以成立家长委员会或家长代表团队，由家长代表参与学校的会议和决策过程。他们可以就学校发展、课程设置、教育政策等方面提出意见和建议，并与学校进行深入的沟通和合作。通过这样的方式，家长能够更好地了解学校的发展方向和教育理念，有机会参与到学校的管理中来，为学生和家庭争取更好的权益。

其次，学校可以定期组织家校合作活动，促进家长之间的交流和互助。学校可以举办家长讲坛、亲子活动、志愿者服务等活动，邀请家长参与其中。通过这些活动，家长能够相互交流经验、分享教育心得，形成互帮互助的合作关系。同时，学校还可以借助社区资源，邀请专业人士为家长提供培训和指导，帮助他们更好地履行家庭教育的职责。

另外，学校可以建立定期沟通机制，促进家长和教师之间的有效沟通和反馈。学校可以设立家校联系日，让家长有机会与教师面对面交流，了解孩子在学校中的表现和需求。此外，学校还可以通过电子邮件、短信、微信群等方式，及时传达重要信息和反馈学生的学习情况给家长。同时，鼓励家长对学校和教师提出意见和建议，为学校改进教育服务和管理提供有价值的反馈。

最后，学校可以与社区建立紧密的合作关系，形成教育共同体。学校可以与社区资源进行对接，借助社区机构和组织的力量，为学生和家庭提供更丰富多样的教育支持。比如，与公共图书馆合作，组织阅读活动；与科技馆、博物馆合作，举办科学实验、参观展览；与艺术机构合作，开设艺术培训课程等。通过这样的合作，学校可以为家庭提供更多的教育资源和机会，扩大学生的学习空间和视野。

# 第三节　家长对素养本位教学的认知与反馈

## 一、学习目标的明确性

家长对素养本位教学的认知与反馈是评估家长对于学校教育方式和教学目标的理解和接受程度的重要方面之一。在素养本位教学中，明确的学习目标是保证学生能力发展和个性化学习的基础。接下来将探讨家长对于学习目标的明确性的认知和反馈以及相关的内容。

首先，学习目标的明确性是指学校教育对于学生应具备的能力和素养进行规划和明确。家长需要了解学校所设定的学习目标，明确孩子在不同年级和学科中应该达到的水平和能力。这样，家长才能够更好地支持学校教育，并与学校合作促进孩子的全面发展。

家长对于学习目标的明确性有以下几个方面的认知和反馈。

理解学校对学生发展目标的沟通和解释。家长通过学校的宣传、家长会等渠道了解学校对学生发展目标的沟通和解释。积极反馈家长对学校如何将学生的素养目标与学科知识相结合、培养学生的创造力、合作能力等方面的看法。

对学校制定的学习目标的认同程度。家长对学校制定的学习目标是否符合孩子的发展需求和现实情况进行评估。他们会考虑学校设定的目标是否合理、可行，并且是否能够满足孩子个性化学习的需求。

对学习目标的具体性和明确性的感受。家长对于学校所设定的学习目标的具体性和明确性有一个直观的感受。确认家长是否清楚理解学校对不同年级和学科的学生应具备的核心素养和能力，以及如何通过教学方法和策略来培养这些素养和能力。

学校教育目标与孩子个人发展目标的匹配程度。家长会评估学校教育目标与孩子个人发展目标之间的匹配程度。他们会思考学校目标是否能够真正帮助孩子发展其潜力和特长，并实现个人价值的提升。

学校对学生学习目标解释和引导的满意度。家长对学校在明确学习目标方面的解释和引导是否满意。他们会评估学校是否向家长详细介绍和解释学习目标，以及如何引导孩子去理解和追求这些目标。

家长对于学习目标的明确性有着不同的认知和反馈。一方面，家长可以通过与学校保持密切的沟通和合作，了解学校的教育理念、教学目标和教学计划。另一方面，家长也可以通过参与学校的家长会议、亲子活动等，与教师和其他家长交流经验和意见，进一步加深对学习目标的理解和认同。

在素养本位教学中，学习目标的明确性对于有效的教学和学生发展至关重要。家长的认知和反馈对于学校的教学决策和调整具有重要的参考价值。因此，学校应该积极倾听家长的意见和建议，并及时作出相应的改进。同时，学校也需要加强与家长的沟通，明确传达学习目标和教育理念，使家长能够更好地理解和支持素养本位教学，共同促进孩子的成长与发展。

## 二、教学方法与策略的多样性

家长对素养本位教学的认知与反馈是评估家长对于学校教育方式和教学方法的理解和接受程度的重要方面之一。在素养本位教学中，教学方法与策略的多样性是保证学生能力发展和个性化学习的关键。教学方法与策略的多样性是指学校在教学过程中运用不同的教学方式和策略，以满足不同学生的学习需求和潜能发展。家长需要了解学校所采用的教学方法和策略，以及如何通过这些方法和策略培养学生的创造力、合作能力等素养。

家长对于教学方法与策略的多样性有以下几个方面的认知和反馈。

了解不同教学方法和策略的类型与特点。家长需要了解学校所采用的不同教学方法和策略的类型和特点。他们会关注学校是否重视启发式教学、交互式教学、项目化学习等新颖而多样的教学方法和策略。

对于不同教学方法与策略的认同程度。家长会评估学校所采用的教学方法和策略是否符合孩子的学习需求和特点。他们会考虑这些方法和策略是否能够激发孩子的学习兴趣、培养孩子的自主学习能力，以及提高孩子的学习效果。

对学校在教学中强调创造力、合作能力等素养的看法。家长会关注学校是否注重培养学生的创造力、合作能力等素养，并能否通过相应的教学方法和策略来实现。他们会评估学校在培养学生综合素养方面的努力和成效，以及对于学生个性化学习的支持程度。

对学校教师的专业能力和创新意识的认可程度。家长会评估学校教师在选择和运用教学方法和策略上的能力和创新意识。他们会观察教师在授课过程中的教学设计和组织能力，以及是否能够灵活地运用多样化的教学方法和策略。

对教学方法与策略提升孩子学习效果的感受。家长会观察孩子在不同教学方法和策略下的学习效果，并根据孩子的表现来评估学校所采用的教学方法和策略的有效性。他们会思考孩子是否能够通过这些方法和策略获得更好的学习体验和成绩。

家庭对于教学方法与策略的配合程度。家长需要思考自己在家庭中对学校教学方法和策略的支持和配合程度。他们会思考如何在家庭环境中更好地贯彻学校的教学理念，与学校形成良好的合作关系，促进孩子的学习和发展。

家长对于教学方法与策略的多样性的认知和反馈有着重要的意义。一方面，家长可以通过与学校保持密切的沟通和交流，了解学校所采用的教学方法和策略，并提供宝贵的反馈和建议。另一方面，家长也可以主动参与教学过程，与教师合作，提供相应的支持和配合，共同营造良好的学习环境和氛围。

在素养本位教学中，教学方法与策略的多样性对于学生的全面发展至关重要。不同学生具有不同的学习风格、兴趣爱好和潜能发展，因此需要灵活运用多样化的教学方法和策略以满足他们的个性化学习需求。家长的认知和反馈将为学校提供宝贵的参考，促使学校不断改进和创新教学方法与策略，实现更好的教育效果。同时，家长也需要积极参与学校活动，与教师共同探讨教学方法与策略的应用，以达到更好的教育效果。

## 三、评价方式与反馈机制的有效性

家长对素养本位教学的认知与反馈是评估家长对于学校教育方式和教学目标的理解和接受程度的重要方面之一。评价方式与反馈机制的有效性对于促进家长参与和支持素养本位教学至关重要。接下来将探讨家长对于评价方式与反馈机制的认知和反馈，并讨论其有效性。

评价方式涉及到对学生学习成果和能力发展的测量、评估和反馈。在素养本位教学中，评价应该以全面、多样化的方式进行，以准确反映学生的综合素养和能力。家长对于评价方式的认知和反馈体现在以下几个方面。

对于评价方法的了解和认同。家长需要了解学校所采用的不同评价方法，如作业、考试、项目评估、表现评定等。他们会评估这些评价方法是否能够客观、全面地反映学生的学习情况，是否具有可操作性和适应性。

对于评价标准的理解和认同。家长需要了解学校对于学生学习目标的评价标准，并对其进行评估。他们会思考评价标准是否具有科学性和合理性，能否真实地反映学生的成绩和能力水平。

对于评价结果的接受程度。家长会评估学校对学生评价结果的及时性和准确性。他们关注学校是否能够及时向家长提供评价结果，并解释评价结果的含义和影响。

对于评价反馈的重视程度。家长对于评价反馈的重要性有不同的认知。一些家长认为评价反馈对于促进学生的进步和发展非常重要，他们会积极与教师合作，了解评价反馈的内容。另一些家长可能对评价反馈不太重视，他们更关注学生的绩点和排名等“硬指标”。

评价方式与反馈机制的有效性是家长对于素养本位教学认知和反馈的关键部分。有效的评价方式与反馈机制应具备以下特点。

全面多样化。评价方式应包括定量和定性的评价方法，既能够客观测量学生的学业成绩，也能够评估学生的综合素养和能力发展。同时，评价方式也需要多样化，以适应不同学生的学习特点和发展需求。

及时准确。评价结果应该及时向家长反馈，让家长了解孩子的学习情况和成绩表现。评价结果也需要准确反映学生的实际能力和潜力，以便家长和学校能够针对具体问题提供有效的支持和帮助。

个性化建议。评价反馈应该针对学生的具体情况给出个性化的建议和指导。家长希望能够了解孩子在学习中存在的问题和潜在的发展方向，以便为孩子的学习和成长提供有针对性的支持和引导。

有效沟通与合作。学校和家长之间需要建立有效的沟通渠道和合作机制，以便共同参与评价方式和反馈机制的设计与实施。学校应该定期组织家长会议或座谈会，向家长介绍评价方式和反馈机制，并听取他们的意见和建议。同时，学校也可以通过在线平台、家长通讯等方式与家长进行沟通，及时分享评价结果和提供相关指导。

评价方式与反馈机制的有效性对于素养本位教学的推进具有重要意义。有效的评价方式和反馈机制能够促使学校更加关注学生全面发展的目标，引导教学和学习更加贴近学生的需求和潜力。同时，有效的评价方式和反馈机制也可以增强家长对学校教育的信任和参与度，建立良好的家校合作关系，为孩子的学习和成长提供坚实的支持。

然而，在实际操作中，评价方式与反馈机制的有效性可能面临一些困难和挑战。首先，评价方式和反馈机制需要不断改进和演进，以适应不同学校和学生的需求；其次，评价结果的解读和使用也需要专业教师和家长的共同理解和配合，以避免误解和不当使用。

## 四、家校沟通与合作的亲密程度

家长对素养本位教学的认知与反馈，以及家校沟通与合作的亲密程度，是家庭与学校之间建立良好关系并共同促进学生发展的关键。接下来将探讨家长对素养本位教学的认知与反馈，以及家校沟通与合作的重要性和亲密程度，并分析影响因素。

首先，家长对素养本位教学的认知与反馈体现于他们对该教育理念的了解和接受程度，以及他们对学校实施素养本位教学的支持和反馈机制的参与程度。具体而言，家长在以下方面发挥着重要作用。

教育理念的认知与接受。家长需要了解素养本位教育的理念、目标和核心价值观。他们需要理解素养不仅包括学习成绩，还涉及学生的综合能力、品德修养、社交能力等多个方面。同时，家长应该认识到素养本位教育注重培养学生的创新思维、批判思维和自主学习能力，而不仅仅关注成绩。

反馈与评价的参与。家长可以通过与学校保持密切的沟通和交流，了解学校所采用的教学方法、评价方式和反馈机制，并提供宝贵的反馈和建议。他们可以针对学生的表现和需求，与教师共同探讨改进和创新教学方法和评价方式。

同时，家长也可以参与学校举办的座谈会、家长会等活动，与教师和其他家长分享经验和意见。

其次，家校沟通与合作的亲密程度是家庭与学校之间建立积极关系和有效合作的关键因素。良好的家校沟通与合作可以促进信息共享、问题解决和共同协作，有助于形成一种合力，推动学生的全面发展。以下是家校沟通与合作的重要性和影响因素。

了解学生特点和需求。通过与家长的密切沟通，学校能够更好地了解学生的个性特点、学习风格和发展需求。这样，学校可以根据学生的实际情况进行教学安排和个性化辅导，以最大程度地满足学生的学习需求。

协同解决问题。家校合作可以帮助发现和解决学生在学习和成长过程中的问题。家长能够及时向学校反馈学生的困惑、挑战和进步，学校则可以通过与家长合作来思考和制定相应的解决方案。

共同营造学习环境。家庭和学校都是学生学习的重要场所，通过紧密合作，可以共同营造良好的学习环境和氛围。学校可以向家长提供适当的家庭作业指导和资源支持，而家长也可以提供学习辅导和学习资源，共同促进学生的学习效果和兴趣爱好的发展。

建立信任与理解。家校沟通与合作强化了学校和家长之间的信任与理解。通过积极的互动和交流，双方可以更好地了解彼此的角色和期望，增进相互的尊重和信任，建立起良好的合作关系。

然而，要提高家校沟通与合作的亲密程度，也面临一些挑战和障碍。例如，家长和学校之间可能存在信息不对称、观念差异、沟通障碍等问题。为了克服这些问题，学校可以采取以下措施。

提供多样化的沟通方式。学校应提供多样化的沟通方式，如家长会议、家校联络本、网上平台等，以满足家长的不同需求和时间安排。

加强培训与支持。学校可以开展家长教育和培训活动，帮助家长更好地理解素养本位教育理念和评价方式，并提供相关支持和资源。

定期沟通与反馈。学校应定期向家长提供学生的学习情况和成绩反馈，并邀请家长参与评价和反馈过程，以促进家校之间的持续互动。

建立合作共赢机制。学校和家长都应意识到，家校合作是为了实现学生全面发展的目标。双方应建立合作共赢机制，通过协商和讨论，形成共同的目标和行动计划。

## 五、素养本位教育的效果评估与认可度

首先，家长对素养本位教学的认知与反馈体现在他们对该教育理念的了解程度和对学校实施素养本位教学的支持与参与程度。具体而言，家长在以下方面起到重要作用。

教育理念的认知与接受。家长需要了解素养本位教育的核心理念和目标，即培养学生的综合素养、创新能力和解决问题的能力，强调学习方法、价值观和人际关系的培养。家长应认识到学生的成功不仅仅依赖于高分数，而是要注重培养学生的全面素养和个性发展。

参与与反馈。家长可以通过与学校保持密切的沟通和交流，了解学校所采用的教学方法、评价方式和反馈机制，并提供宝贵的反馈和建议。他们可以针对学生的表现和需求，与教师共同探讨改进和创新教学方法及评价方式。同时，家长也可以参与学校举办的座谈会、家长会等活动，与教师和其他家长分享经验。

其次，素养本位教育的效果评估与认可度是衡量素养本位教育成果的关键指标。对于家长来说，他们关心的是学生在素养本位教育下的发展情况以及实际成果。以下是影响效果评估和认可度的因素。

综合评价体系。素养本位教育强调培养学生的综合素养和多元能力，因此评价体系也需要相应地进行调整和创新。这就需要学校与家长共同参与评价指标、标准和方法的制定，确保评价方式能够全面、客观地反映学生的素养水平。

成果展示。素养本位教育注重学生的实际行动和成果，例如项目作品、团队合作、社会实践等。学校可以定期举办展示活动，让家长亲身感受学生在素养本位教育下的发展和表现，增加对素养本位教育的认可度。

学生成长记录。学校可以建立学生成长记录系统，将学生的成长情况、评价结果和个人发展计划整合起来，并与家长进行分享和反馈。这样，家长可以

更直观地了解学生在素养本位教育下的发展轨迹和成效，从而提高对素养本位教育的认可度。

媒体宣传与案例分享。学校可以通过媒体宣传和案例分享，向家长展示素养本位教育取得的显著成效和成功案例。通过展示学生在素养本位教育下的成就和典型事例，可以增加家长对素养本位教育的认可度。

同时，需要注意的是，家长对素养本位教育的认知与反馈以及效果评估与认可度可能受到一些因素的影响。

传统教育观念。部分家长可能仍然固守传统的教育观念，关注学生的考试成绩而忽视其他方面的发展。这种观念的转变需要时间和教育改革的持续推动。

教育资源和质量。家长对学校教育资源和教学质量的认可程度会影响他们对素养本位教育的认可度。如果学校能够提供优质的素养本位教育资源和师资力量，家长更容易认可并支持这种教育理念。

学生情况和特点。不同家庭的学生情况和特点各异，有些家长可能更看重传统学科的学习，而对于素养本位教育存在疑虑。学校可以通过个性化教育策略和沟通方式，针对不同家庭和学生的需求进行灵活调整和引导。

在推进素养本位教育的过程中，学校和家长应共同努力，加强沟通与合作，通过互相理解、分享和反馈，提高家长对素养本位教育的认知与参与度。同时，学校也应建立科学有效的评估体系，不断完善评价方式，使素养本位教育取得更多的认可和支持。只有家校共同协作，才能实现学生的全面发展，并为他们未来的成功奠定坚实的基础。

# 第八章　教育资源与技术支持

## 第一节　教育资源的重要性与种类

### 一、教学设施与硬件设备

教育资源的重要性与种类是教学设施与硬件设备中至关重要的部分。教育资源是支持和促进教育过程的各种工具、材料和技术。而教学设施与硬件设备则指的是用于教学活动的物理环境和技术设备。

首先，需要探讨的是教育资源的重要性。教育资源对学生的学习和发展起着至关重要的作用。它们提供了丰富的学习内容、工具和支持，帮助学生获取知识、培养技能、发展素质。

教育资源的种类多种多样。下面是一些常见的教育资源。

（一）学习资源

课本和教材。提供系统化的知识和概念，帮助学生学习各个学科的基本内容。

参考书籍和期刊。扩展学生的知识广度和深度，让他们深入了解特定领域的知识与最新研究成果。

多媒体资源。包括图像、音频、视频等多种形式的学习资料，使学习更加生动有趣。

（二）实践与实验工具

实验室设备。用于进行科学实验和探究的仪器和设备，如显微镜、天文望远镜等。

实物模型与装置。通过触摸、操作实物模型，帮助学生加深对抽象概念和原理的理解。

虚拟实验软件。模拟实验场景和过程，让学生在虚拟环境中进行实验，提供安全和高效的学习体验。

（三）信息与通信技术资源

计算机和网络设备。提供学生与全球信息网相连接的平台，促进信息获取和共享。

在线学习平台和教育应用程序。为学生提供丰富多样的在线课程、学习资源和学习工具。

学习管理系统（LMS）。用于管理和跟踪学生学习进展的平台，便于教师进行个性化指导和评估。

（四）社会资源与合作伙伴

学术机构与专业组织。提供专业知识和指导，开展合作研究和实践活动。

社区资源和校外资源。利用社区和校外资源，组织实地考察、社会实践等活动，丰富学生的学习经验。

接下来，深入了解教学设施与硬件设备的重要性与种类。教学设施与硬件设备是提供学习和教学场所的物理环境和技术工具。它们对于学校和教育机构提供适当的学习和教学环境至关重要。

教学设施包括以下几个方面：

教室。作为传授知识和促进学习的基本场所，教室应该提供良好的照明、通风和舒适的座椅排列，帮助学生保持专注和舒适感。

实验室和工作室。用于进行学科实践和实验活动的特殊场所，如化学实验室、物理实验室、艺术工作室等。这些设施提供了必要的设备和工具，支持学生进行实践操作和创造性的表达。

图书馆。作为知识资源中心，图书馆提供了各种书籍、期刊、报纸、多媒体资料等，帮助学生深入研究和自主学习。

运动场和体育设施。提供体育锻炼和团队活动的场所和设备，如运动场、体育馆、游泳池等。体育设施有助于培养学生的身体健康和团队合作精神。

硬件设备包括以下几个方面：

计算机和网络设备。如台式电脑、笔记本电脑、平板电脑等，用于教师和学生进行信息获取、处理和共享。

多媒体设备。如投影仪、电视、音响系统等，用于展示多媒体资源和促进互动教学。

实验仪器与设备。如显微镜、实验台、测量仪器等，用于科学实验和探究活动。

交互式学习工具。如智能白板、触摸屏、学生响应系统等，用于促进学生参与和互动。

安全设备。如监控摄像头、门禁系统等，用于维护学校安全和保障学生的人身安全。

教育资源与技术支持、教学设施和硬件设备能够提升学习和教学效果。它们可以创造更具吸引力和有趣的学习环境，激发学生的学习兴趣和动机。同时，它们也提供了更丰富和多样化的学习内容，满足学生个性化学习的需求。此外，教育资源与技术还可以扩展学习资源的范围，使学生能够接触到更广阔的知识和最新的研究成果。总之，教育资源与技术和教学设施与硬件设备相辅相成，共同为优质教育提供坚实的基础。

## 二、学习工具与教具

学习工具与教具是教育过程中支持教学与学习的重要组成部分，它们提供了各种形式的资源和工具，有助于促进学生参与、理解和灵活运用知识。在本文中，我们将探讨学习工具与教具的重要性、种类以及它们对教学和学习的影响。

首先，需要了解一下学习工具与教具的定义。学习工具可以理解为学生在学习过程中使用的资源，包括书籍、笔记本、计算器、计算机等。而教具则是教师在教学过程中使用的工具，如幻灯片、模型、实验仪器等。这些工具不仅提供了必要的信息和支持，还帮助学生与教师更好地进行交流和互动。

学习工具与教具的重要性体现在以下几个方面。

提供多样化的学习资源。学习工具与教具为学生提供了丰富多样的学习资源。通过书籍、多媒体资料和在线学习平台，学生可以获取到不同形式的知识和信息，从而满足不同学习风格和需求的学生。

激发学习兴趣和动机。精心选择和使用适当的学习工具与教具能够激发学生的学习兴趣和动机。例如，通过使用虚拟实验软件或实物模型，学生可以参与到实践性的学习中，增强对知识的理解和应用能力。

促进互动和合作学习。学习工具与教具为学生提供了与教师和同学之间互动的机会。例如，在讨论课中使用翻转教室的方法，学生可以通过在线平台或学习管理系统提交问题或回答问题，促进深入的学术交流和合作学习。

支持个性化学习。学习工具与教具可以根据学生的不同需求和能力提供个性化的学习经验。通过自主选择合适的学习资源和工具，学生可以根据自己的学习风格和节奏进行学习，提高学习效果。

增强记忆和理解。学习工具与教具的使用有助于加强学习内容的记忆和理解。例如，在学习语言时使用闪卡、音频资料等工具可以提高词汇记忆和语音理解能力。

接下来，将介绍一些常见的学习工具与教具：

书籍和参考资料。包括课本、参考书、百科全书等。这些资源提供了系统化的知识和概念，帮助学生进行自主学习和深入研究。

多媒体资料。包括图像、音频、视频等形式的学习资料。多媒体资源可以通过视觉、听觉和动感等方式帮助学生更好地理解和记忆知识。

实物模型与装置。如地球仪、分子模型、建筑模型等。这些模型可以帮助学生直观地理解抽象的概念和原理，增强学习的体验感。

实验仪器与设备。如显微镜、天文望远镜、化学实验室设备等。实验仪器和设备可以帮助学生进行科学实验和探究活动，培养实践能力和科学思维。

计算机和网络设备。包括台式电脑、笔记本电脑、平板电脑等。计算机和网络设备提供了接触全球信息网和各种教育应用程序的途径，支持学生进行在线学习和互动。

幻灯片和演示工具。如 PowerPoint、Prezi 等。这些工具可以帮助教师将知识呈现得清晰、有条理，并通过图表、图片和动画等方式增强学生对知识的理解。

视听设备。如投影仪、音响系统等。通过视听设备，教师可以展示多媒体资源，例如教学视频、音频剪辑等，提高学生的学习效果和参与度。

学习管理系统（LMS）。通过学习管理系统，教师可以发布学习资料、作业和测验，以及与学生进行在线交流和评价。学习管理系统为学生提供了统一的学习平台，方便管理和组织学习过程。

学生响应系统。通过使用学生响应系统，教师可以在课堂上进行实时互动和评估。学生可以使用设备或应用程序回答问题、提交作答，教师可以即时反馈和评价学生的学习情况。

虚拟实验软件与模拟器。虚拟实验软件和模拟器为学生提供了在虚拟环境中进行实验和操作的机会，安全且经济高效。

## 三、信息与技术资源

信息与技术资源在现代教育中扮演着至关重要的角色，它们为学生和教师提供了丰富的信息来源、强大的学习工具和创新的教学方法。在本文中，我们将讨论信息与技术资源的定义、种类以及它们对教育的影响。

首先，需要了解一下信息与技术资源的定义。信息资源涵盖了各种形式的知识和信息，包括图书馆藏书、电子文献、学术期刊、在线数据库等。技术资源则包括硬件设备（如计算机、平板电脑）和软件应用程序（如学习管理系统、多媒体制作工具），以及网络连接和云存储等。信息与技术资源通过提供高效的信息获取、处理和共享的途径，支持学生和教师进行教学与学习活动。

信息与技术资源在教育中的重要性体现在以下几个方面。

提供广阔的知识来源。信息资源为学生和教师提供了广泛的知识来源。通过图书馆、在线数据库和电子书籍，学生可以获取到丰富的学科知识和研究成果。教师也可以通过学术期刊和专业论文，了解最新的教育理论和研究动态。

促进自主学习和深度思考。信息资源使学生能够进行自主学习和深度思考。学生可以根据自己的兴趣和需求，选择适合的学习资源，并掌握信息检索和整理的技能。通过独立思考和批判性思维，学生可以更好地理解和应用所学知识。

提供多样化的学习工具和学习体验。技术资源提供了各种形式的学习工具和学习体验。例如，学习管理系统（LMS）可以用于发布作业、在线测试和讨论，可以帮助教师组织和管理学习过程。虚拟实验软件和模拟器则为学生提供了在虚拟环境中进行实验和操作的机会，扩展了学习资源的范围和学习方式的多样性。

支持个性化学习和差异化教学。信息与技术资源支持个性化学习和差异化教学。学生可以根据自己的学习风格和能力水平，选择适合自己的学习资源和学习路径。教师可以使用学习管理系统和个性化学习软件，根据学生的学习情况进行差异化教学，提供有针对性的辅导和支持。

增强学习效果和评估能力。信息与技术资源有助于增强学生的学习效果和评估能力。通过多媒体资料、在线课程和教学视频，学生可以更好地理解和记忆知识。同时，技术资源还提供了自动化评估和反馈的功能，帮助教师及时了解学生的学习进展并提供指导。

接下来，将介绍一些常见的信息与技术资源。

学习管理系统（LMS）。学习管理系统是一个集中管理学生学习活动和资源的平台，包括在线课程、作业提交、讨论区等功能。它提供了学生管理、教师评估和学习跟踪的工具，方便教师和学生进行教学和学习活动的管理和交流。

在线学习平台。在线学习平台提供了丰富的在线课程和学习资源，学生可以根据自己的需求选择适合自己的学习内容。这些平台还提供了在线测试和测验的功能，帮助学生进行自我评估和复习。

虚拟实验软件与模拟器。虚拟实验软件和模拟器为学生提供了在虚拟环境中进行实验和操作的机会。学生可以通过模拟器进行化学实验、物理实验等，提高实验技能和科学思维。

多媒体制作工具。多媒体制作工具，如幻灯片制作软件、视频剪辑工具等，可以帮助教师将知识以图形、声音和视频的形式呈现给学生，增强学习效果和吸引力。

图书馆和电子文献数据库。图书馆和电子文献数据库为学生和教师提供了丰富的学术资源和研究文献。通过图书馆馆藏书籍和电子文献数据库，学生和教师可以进行深入的研究和阅读。

计算机和网络设备。计算机和网络设备是访问信息与技术资源的基础工具。学生和教师通过计算机和网络设备可以接入互联网、获取在线学习资源，并进行各种教学和学习活动。

社交媒体和协作工具。社交媒体和协作工具，如微信、QQ 群、Google Docs 等，可以促进学生和教师之间的互动和合作。学生可以通过这些平台共享学习资源、讨论问题，并进行项目协作。

数字图书馆和开放教育资源。数字图书馆和开放教育资源（OER）为学生和教师提供了免费的教育资源，包括课程材料、教学视频、学习模块等。学生和教师可以自由地使用和分享这些资源，丰富教学内容和方法。

信息与技术资源在教育中的应用范围越来越广泛，它们不仅在传统学校教育中发挥作用，也在远程教育、终身教育和在线学习等领域得到应用。然而，我们也要注意信息与技术资源的合理使用与引导，避免过度依赖技术，保持人文关怀和创新思维的重要性。当正确地利用信息与技术资源时，它们将成为教育中强大的工具和资源，为学生的学习提供丰富多样的机会，并推动教育的进步与发展。

# 第二节 素养本位教学下教育资源的选择与应用

## 一、实验室设备和实验材料

高中化学教育是培养学生科学素养和实践能力的重要环节。在素养本位教学下，实验室设备和实验材料起着至关重要的作用。它们不仅为学生提供了进行实验的场所和条件，更为他们提供了锻炼实践能力、观察现象、探究原理的机会。因此，合适的实验室设备和实验材料对于高中化学教育的有效开展至关重要。

### （一）实验室设备

实验室设备是进行化学实验的基础，合理选择和配置实验室设备对于学生的实验操作和安全非常关键。以下是一些常见的实验室设备。

烧杯和烧瓶：烧杯用于盛装液体反应物或产物，而烧瓶则常用于加热试剂反应。

镊子和钳子：镊子和钳子可用于取出实验器皿中的小型物品，如玻璃棒、螺丝等。

坩埚和三角座：坩埚可以承受高温，适用于加热试剂或进行灼烧，而三角座则用于支撑坩埚或其他试管。

分液漏斗和移液器：分液漏斗可用于分离两种不相溶的液体，移液器则用于精确地分配液体。

温度计和 pH 计：温度计常用于测量试剂的温度，而 pH 计则用于测定溶液的酸碱性质。

分析天平和电子天平：分析天平和电子天平可用于准确称量化学试剂。

合适的实验室设备可以帮助学生进行准确和安全的化学实验操作，提高实验结果的可靠性以及学生对实验现象和原理的理解。

（二）实验材料

实验材料是进行化学实验所需的物质，在素养本位教学下选择合适的实验材料非常重要。以下是一些常见的实验材料。

化学试剂：其包括无机盐、酸碱溶液、气体等。不同化学试剂可用于不同类型的实验，如酸碱中和实验、氧化还原实验等。

溶剂：如水、乙醇、醚类等。溶剂在一些化学反应中起着溶解试剂、催化反应等作用。

指示剂：其包括酸碱指示剂和氧化还原指示剂，可用于实验中对试剂性质的检测和观察。

试管、量筒、烧杯等实验器皿：其用于盛装试剂、混合反应物等操作。

过滤纸和滤液漏斗：其用于分离物质时过滤固体和液体。

选择适当的实验材料可以使学生更好地进行实验操作，并加深他们对实验原理和化学概念的理解。

（三）实验室管理与安全

在使用实验室设备和实验材料之前，实验室管理与安全是不可忽视的重要环节。以下是一些实验室管理与安全的考虑事项。

实验室规章制度：制定明确的实验室规章制度，包括实验室的使用时间、实验操作流程、安全注意事项等，确保学生遵守实验室规范和操作流程。

安全设施和装备：配备必要的安全设施和装备，如洗眼器、紧急淋浴器、消防器材等，以应对紧急情况。

实验室安全培训：为学生提供实验室安全培训，教授正确的实验操作技巧、危险品处理方法以及应急措施，增强他们的安全意识。

废物处理：建立合适的废物处理系统，确保化学废物按照规定的程序进行分类、存储和处置，保护环境和人身安全。

实验风险评估：对实验过程中存在的潜在风险进行评估，并采取相应的措施减少风险，如选择低毒性试剂、减小操作风险等。

紧急救援方案：建立紧急救援方案，包括火灾、中毒、意外伤害等紧急情况的处理流程和联系方式，确保在发生紧急情况时能够及时采取措施。

## 二、多媒体教学资源

在素养本位教学下，多媒体教学资源在高中化学教育中的应用至关重要。多媒体教学资源，以其生动形象、直观的表现方式，能够激发学生的学习兴趣、增强他们的理解和记忆能力。通过多媒体教学资源的选择与应用，可以提供丰富多样的学习体验，帮助学生更好地理解化学知识和概念，培养他们的综合能力和创新思维。以下是一些常见的多媒体教学资源及其应用。

### （一）化学模拟软件

化学模拟软件是一种利用计算机技术模拟和演示化学现象、实验过程的工具。它可以展示分子结构、反应过程等抽象的化学概念，将抽象难懂的理论变得直观易懂。学生可以通过模拟软件进行实验操作、观察化学反应的变化，并根据实验结果进行数据分析和讨论。这种互动式的学习方式，有助于培养学生的实践能力和科学思维。

### （二）教育视频和动画

教育视频和动画可以通过图文并茂的方式呈现化学实验、反应机制等内容，使学生更加直观地了解和理解化学现象。通过视觉和听觉的双重刺激，帮助学生更好地记忆和理解化学知识。同时，教育视频和动画还可以通过图像处理和特效技术，将抽象的概念变得形象生动，吸引学生的注意力和兴趣，提高他们的学习效果。

（三）电子白板和投影仪

电子白板和投影仪是一种多媒体教学的常用工具。它们可以将教师所讲授的化学知识和实验步骤以图文结合的方式展示在大屏幕上，供全班学生观看。教师可以通过电子白板或投影仪展示化学方程式、实验操作流程、实验结果等，引导学生进行互动交流和讨论。

（四）虚拟实验平台

虚拟实验平台是一种通过计算机模拟实验过程的工具。它提供了丰富多样的实验场景和操作界面，让学生可以在虚拟环境中进行化学实验。通过虚拟实验平台，学生可以实时观察和调整实验参数、观察实验现象，并根据实验结果进行数据分析和解释。

（五）互联网资源

互联网资源包括在线学习平台、化学教育网站、科学研究数据库等。学生可以通过互联网资源获取到丰富的化学学习资料，如教材、实验指导、练习题等，以及时补充和扩展课堂教学内容。同时，学生还可以通过互联网资源进行在线交流和讨论，分享学习经验、解决问题，促进彼此的学习和成长。

综上所述，多媒体教学资源在素养本位教学下的高中化学教育中具有重要作用。通过选择合适的多媒体教学资源，并巧妙地应用于教学过程中，可以提供丰富多样的学习体验，增强学生对化学知识和概念的理解和记忆，培养他们的实践能力、创新思维和综合能力。教师应积极探索和应用多媒体教学资源，使其成为高中化学教育的有益补充，推动学生的全面发展和高质量学习。

## 三、网络资源

在素养本位教学下，网络资源在高中化学教育中的应用越来越重要。网络资源具有全球化、实时性和互动性等特点，为学生提供了丰富多样的学习资料和交流平台，可以拓宽他们的知识视野，增强他们的自主学习和综合能力。以下是一些常见的网络资源及其应用。

（一）在线学习平台

在线学习平台是通过互联网提供课程内容、学习资料和学习工具的平台。学生可以通过在线学习平台获取到丰富的化学学习资源，如电子版教材、讲义、习题、课件等，根据自己的学习进度和需求进行学习。与传统教材相比，在线学习平台具有媒体丰富、随时更新和互动性强的优势，能够更好地激发学生的学习兴趣和积极性。

（二）开放式课程平台

开放式课程平台是一种通过互联网提供免费或低成本的教学的在线课程平台。在这些平台上，学生可以选择适合自己的化学课程进行学习，并获得认证或学分。开放式课程平台不仅提供了高质量的化学教育资源，还有助于学生通过自主学习和参与讨论活动，提升他们的学习能力和创新思维。

（三）化学教育网站

化学教育网站是一个专门为化学教育提供相关信息和资源的网站。这些网站提供了丰富的化学知识、实验指导、研究成果等内容，涵盖了从基础知识到前沿科技的各个方面。学生可以通过浏览化学教育网站了解最新的科研进展、参加在线讨论和分享学习经验，拓宽自己的视野并加深对化学的理解。

（四）科学研究数据库

科学研究数据库是收集、整理和发布科学研究成果的平台。学生可以通过科学研究数据库查阅和下载化学领域的科研论文、期刊文章、实验数据等，了解最新的研究进展和成果。通过分析和理解这些研究成果，学生可以加深对化学原理和应用的认识，并启发自己的科学思维和研究兴趣。

（五）在线实验平台

在线实验平台是一种通过互联网进行虚拟化学实验的工具。学生可以通过在线实验平台模拟和操作化学实验，观察实验现象、分析数据，从而提升他们的实践能力和实验设计能力。在线实验平台还可以提供实验步骤、操作技巧和安全指导，帮助学生更好地理解和掌握化学实验的相关知识和技能。

网络资源为高中化学教育提供了全新的学习方式和学习环境，拓展了学生获取化学知识的渠道。但同时，也需要注意合理使用网络资源，培养学生的信息筛选和分析能力，避免盲目依赖网络资源。教师应指导学生正确选择和使用网络资源，引导他们积极参与讨论和合作，培养他们的批判思维和自主学习能力。

## 四、实地考察和参观

在素养本位教学下，实地考察和参观是高中化学教育不可或缺的一部分。通过走出课堂，亲身接触和探索真实的化学环境和应用场景，学生可以深入了解化学知识的实际应用，加深对化学科学的理解和兴趣，同时培养他们的观察力、实践能力和合作精神。以下是一些常见的实地考察和参观资源及其应用。

（一）实验室考察

实验室考察是高中化学教育中最重要的实地学习方式之一。通过实验室考察，学生可以亲自参与和观察化学实验，了解实验仪器的使用和操作方法，体验真实的化学反应过程。实验室考察还可以让学生感受到科学实验的严谨性和安全性，培养他们的实验技能和科学态度。

（二）化工厂参观

化工厂参观是让学生了解化学工业生产过程和技术应用的有效方式。学生可以参观不同类型的化工厂，如石油炼制厂、化肥生产厂等，了解化学原料的提取和加工过程，观察化学反应的规模化实施。通过化工厂参观，学生可以了解化学产业对社会经济发展的贡献，并深入了解化学原理与实际应用之间的联系。

（三）大学科研实验室参观

大学科研实验室参观可以让学生接触到前沿的化学研究领域和科学实验设备。学生可以参观大学中的化学研究实验室，见识到高级实验技术和仪器设备的运作情况，了解化学研究的创新思路和方法。科研实验室参观还可以激发学生的科研兴趣，启发他们追求科学真理和进行创新研究的激情。

（四）自然保护区、实验基地参观

自然保护区和实验基地是学生近距离接触并了解自然环境和生态系统的重要场所。学生可以参观自然保护区，了解化学在环境保护和生态恢复中的应用，学习关于污染物处理、土壤改良等方面的知识。实验基地则为学生提供了进行生物、环境等方面实地研究的机会，拓宽他们的研究视野。

（五）科学博物馆参观

科学博物馆是一个集科普教育和展示为一体的场所，也是学生进行实地考察和参观的重要资源。化学相关的科学博物馆可以通过模型展示、互动实验等方式向学生介绍化学原理、历史和应用。学生可以在博物馆中参与化学实验、观察展品，并与专业人士进行交流，加深对化学知识的理解和记忆。

通过实地考察和参观，学生可以在真实环境中感受到化学知识的真实应用，从而加深对化学科学的理解和兴趣。实地考察和参观还能够培养学生的观察力、实践能力和合作精神，并激发他们追求科学真理和进行创新研究的激情。

需要注意的是，在进行实地考察和参观时，教师应确保学生的安全并提前做好必要的准备工作。同时，针对每次实地考察和参观，教师应提前制定明确的学习目标和任务，引导学生积极观察、思考和记录，促进他们对所学知识的运用和拓展。教师还可以结合实地考察和参观的经验，进行相关的后续讲解和讨论，巩固和扩展学生的学习成果。

总之，实地考察和参观是素养本位教学下高中化学教育中不可或缺的一部分。通过走出课堂，亲身接触和探索真实的化学环境和应用场景，学生可以更好地理解和应用化学知识，培养实践能力和科学思维，为将来的学术和职业发展打下坚实基础。

## 五、外部专家讲座

在素养本位教学下，邀请外部专家进行讲座是高中化学教育资源的一种重要形式。外部专家的参与可以为学生提供真实的专业知识和实践经验，拓宽他们的视野，激发他们对化学科学的兴趣和热情。以下是关于外部专家讲座在高中化学教育中的应用和价值的一些观点。

（一）提供专业化的知识和信息

外部专家具有丰富的学术背景和实践经验，在特定领域拥有深入的专业知识。他们能够向学生介绍最新的研究成果、前沿技术和实际应用案例，帮助学生了解化学科学的最新动态和发展趋势。通过专家的讲解，学生可以更加全面地理解和把握化学知识，增加对化学科学的信心和兴趣。

（二）激发学生的思考和创新能力

外部专家分享自己的研究经验和思路，可以激发学生的思考和创新能力。他们可以引导学生思考问题的方式和角度，启发学生从不同的视角来看待化学现象和问题。通过与专家的互动和讨论，学生可以学习到解决问题的方法和思维方式，培养创新意识和科学研究能力。

（三）丰富教学内容和方法

外部专家的讲座可以为教学内容提供丰富多样的补充和拓展。他们可以介绍一些不同于传统教材的实例和案例，帮助学生将所学知识与实际应用相联系。此外，外部专家还可以分享一些特殊的实验方法、仪器设备的使用技巧等，丰富化学教学的方法和手段，提高学生对化学的实践性认识。

（四）增加学生的职业规划和发展意识

外部专家作为行业内的权威人士，可以向学生介绍化学领域的职业发展前景和就业机会，帮助学生了解和选择自己未来的发展方向。专家讲座可以让学生更好地了解各种工作岗位的要求和需求，并听取专家的建议和经验分享，对自己的未来职业发展做出更明智的决策。

（五）提供交流和合作的机会

外部专家的讲座为学生提供了与专家进行交流和合作的机会。学生可以通过提问、互动等方式与专家进行沟通，分享自己的观点和疑问。此外，专家的讲座还可以促进学生之间的合作与交流，激发他们的团队合作精神和社交能力。

综上所述，邀请外部专家进行讲座是素养本位教学下丰富高中化学教育资源的重要途径。通过外部专家的分享和互动，学生可以获得专业化的知识和信息，培养思考和创新能力，拓宽职业规划和发展意识，增加实践和合作的机会。这将有助于提高学生对化学科学的理解和应用能力，同时激发他们对科学研究和职业发展的兴趣并提升综合素质。因此，在高中化学教育中充分利用外部专家和讲座资源是非常有价值的。

# 第三节　教育技术在素养本位教学中的支持与应用

## 一、多媒体教学工具的应用

教育技术中的多媒体教学工具的应用在素养本位高中化学教学的支持与应用方面起着重要的作用。多媒体教学工具是指通过投影仪、电子白板、电脑等设备呈现出来的丰富的图像、文字、声音和视频等形式的教学内容。它具有直观、生动、互动等特点，可以帮助教师提高教学效果，激发学生的学习兴趣，促进学生对化学知识的深入理解和掌握。

首先，多媒体教学工具能够以直观的方式呈现化学知识和概念。在传统的教学方式中，学生主要通过教科书上的文字和图表来学习化学知识。但是，化学的抽象概念和复杂实验过程往往难以通过纸面来直观地呈现。而多媒体教学工具可以通过图像、动画和实验视频等形式，将化学理论和实验过程以更具吸引力和生动性的方式展现给学生。学生可以通过观察和感受，更好地理解和记忆化学的各种现象和原理。

其次，多媒体教学工具可以与学生进行互动，提供个性化的学习体验。传统的课堂教学往往是教师主导的，学生被动接收知识。而通过多媒体教学工具，学生可以参与到教学过程中。例如，在多媒体课件中设置交互式的题目和实验模拟，学生可以积极参与答题和操作，从而更好地巩固和应用所学的知识。同时，多媒体教学工具可以根据学生的不同需要和兴趣，提供个性化的学习资源和学习路径，使每个学生都能够在适合自己的节奏和难度上进行学习。

再次，多媒体教学工具可以有效地展示实际实验的过程和结果。在化学教学中，实验是理论学习的重要组成部分。然而，由于实验条件、设备和材料的限制，有些实验可能无法直接在课堂上进行。多媒体教学工具通过实验视频和模拟软件等方式，可以让学生观察到真实实验的过程和结果，帮助他们更好地理解实验原理和掌握实验技巧。同时，多媒体教学工具还可以提供一些难以实际进行的虚拟实验，让学生通过模拟操作来进行实验，培养他们的实践动手能力。

此外，多媒体教学工具还可以为学生提供更加丰富和广泛的学习资源。在化学教学中，有很多相关的图表、数据和实例需要向学生展示。传统的教学方式可能受到时间和空间的限制，无法提供足够的学习资源。而通过多媒体教学工具，教师可以从互联网等各种渠道获取到丰富的化学学习资料，包括优质的视频课程、电子书籍、练习题和实验指导等。学生可以根据自己的需求和兴趣选择适合自己的学习资源，拓宽化学知识的广度和深度。

最后，多媒体教学工具还为教师提供了更加灵活和多样化的教学方式。传统的课堂教学往往以教师讲解为主，学生听讲为主的活动。但是，不同学生的学习方式和接受能力存在差异，有些学生可能难以理解教师的讲解。而多媒体教学工具可以让教师通过图像、声音和视频等形式来呈现教学内容，更加直观和生动地向学生传递知识。同时，教师还可以根据学生的反馈和进展，及时调整教学内容和进度，以满足不同学生的需要和要求。

总之，多媒体教学工具在素养本位高中化学教学中发挥重要的支持与应用作用。通过直观呈现化学知识、互动交流、展示实验过程和结果，提供丰富学习资源以及提供灵活多样的教学方式，多媒体教学工具能够增强学生的学习兴趣和动力，促进他们对化学知识的深入理解和掌握。同时，它也为教师提供了更加灵活和多样化的教学手段，支持个性化学习和互动交流，提高教学质量和效果。因此，在素养本位高中化学教学中，教育技术的应用是不可或缺的一部分。

## 二、在线学习平台和资源的利用

教育技术中的在线学习平台和资源的利用在素养本位高中化学教学的支持与应用方面扮演着至关重要的角色。随着互联网的发展，越来越多的教育机构和学校将课程资源和学习内容上传至网络平台，供学生自主学习和辅助教学使用。在线学习平台和资源为学生提供了便捷的学习途径和丰富的学习资源，同时也给教师提供了更加灵活和多样化的教学方式和评估手段。

首先，在线学习平台提供了跨时空的学习机会。传统的课堂教学受到时间和空间的限制，而在线学习平台可以让学生随时随地进行学习。学生可以通过电脑、手机或平板电脑等设备登录平台，自主选择学习内容和学习进度。这对于忙碌的学生来说尤为有益，他们可以根据自己的时间安排和学习进度进行自主学习，不再受到地点和时间的限制。

其次，在线学习平台提供了丰富的学习资源。在平台上，学生可以找到新鲜而全面的化学学习资料，如电子书籍、教学视频、实验演示和练习题等。这些资源不仅包含了传统教材中的知识点，还包括最新的研究成果和应用案例，能够让学生接触到更多的化学内容和应用领域。此外，一些在线学习平台还提供了学习社区或论坛，学生可以在其中与其他同学和老师进行交流和讨论，共同解决问题和分享学习经验。

再次，在线学习平台支持个性化学习和自主学习。每个学生都有自己的学习特点和需求，在线学习平台提供了灵活的学习路径和个性化的学习计划。学生可以根据自己的学习进度和兴趣选择学习内容和难度，进行自主学习。同时，平台中的学习资源也可以根据学生的学习水平和学科素养进行分类和推荐，帮助学生找到合适的学习材料和资源，提高学习效果。

此外，在线学习平台还提供了多种学习工具和辅助功能，帮助学生更好地理解和掌握化学知识。学生可以利用在线模拟软件进行化学实验的虚拟操作，观察和分析实验结果，提高实践动手能力。平台还可以提供涉及化学知识的互动学习游戏和测验，帮助学生巩固所学知识并检测自己的学习效果。同时，一些平台还提供即时反馈和个性化学习建议，让学生及时调整学习策略和方法。

最后，在线学习平台也为教师提供了更加灵活和多样化的教学方式和评估手段。教师可以通过平台上的管理工具制定学习任务和作业，对学生的学习情况进行监控和评估。同时，教师还可以根据学生的学习进展和表现，提供个性化的指导和反馈。在线学习平台还支持教师进行在线辅导和讨论，促进与学生的互动和交流。教师可以根据学生的问题和困惑，进行针对性的解答和引导，帮助学生更好地理解和掌握化学知识。

综上所述，在线学习平台和资源的利用在素养本位高中化学教学的支持与应用方面发挥着重要的作用。它不仅提供了跨时空的学习机会和丰富的学习资源，也支持个性化学习和自主学习，帮助学生更好地理解和掌握化学知识。同时，它也为教师提供了更加灵活和多样化的教学方式和评估手段，促进与学生的互动和交流。因此，在素养本位高中化学教学中，教育技术的应用和在线学习平台与资源的利用是非常有价值的。

## 三、远程教学和远程实验

教育技术中的远程教学和远程实验在素养本位高中化学教学的支持与应用方面扮演着至关重要的角色。随着信息技术的发展和网络环境的普及，远程教学和远程实验成为突破传统学习限制的有效手段。远程教学和远程实验通过利用互联网和相关软硬件技术，可以使学生在物理上不受地域的限制，进行有效的学习和实验操作。

首先，远程教学提供了灵活的学习方式。传统的课堂教学往往需要学生和教师在同一地点进行面对面的教学活动，这样的方式受到时间和空间的限制。而远程教学则可以通过网络平台实现在线直播、录播课程等形式，学生可以根据自己的时间和学习进度进行学习，不再受到地点和时间的束缚。远程教学还可以提供多样化的学习资源，例如教学视频、电子书籍和在线练习等，学生可以根据自己的需求和兴趣进行选择和学习。

其次，远程教学提供了跨地域的合作学习机会。通过远程教学平台，学生可以与不同地区的学生进行交流和合作学习。他们可以一起讨论问题、分享观点和解决难题，互相促进和激发学习兴趣。这种跨地域的合作学习可以扩大学生的学习视野，增强他们的团队合作能力和跨文化交流能力。

再次，远程实验提供了在线化学实验的机会。在传统的高中化学教学中，实验操作是非常重要的环节，但由于物质、设备和安全等因素的限制，学校无法为每个学生都提供完整的实验体验。而通过远程实验技术，学生可以通过互联网远程操作实验装置，观察实验现象并记录数据，完成实验报告和分析。这种虚拟的远程实验能够让学生近乎实际地体验化学实验的过程，培养他们的实验技能和科学思维能力。

此外，远程实验还具有安全性和经济性的优势。远程实验可以减少实验操作中的风险，避免不当操作导致的伤害和事故发生。同时，远程实验也可以节省实验器材和耗材的使用，降低实验教学的经济成本。这对于资源有限的学校来说尤为重要，可以让更多的学生在安全、经济的环境下进行实验学习。

最后，远程教学和远程实验为教师提供了更广泛的教学资源和评估手段。教师可以通过在线平台上传课件、教学视频和练习题等资源，帮助学生进行学习和巩固知识。同时，教师还可以通过网络平台进行作业布置、答疑解惑和学习反馈等工作，及时了解学生的学习情况并提供指导。此外，远程教学和远程实验技术还支持教师进行学习评估。教师可以通过在线平台收集学生的作业、实验报告和在线测验等学习成果，进行统计和分析，并提供针对性的评价和建议。这种个性化的评估方式有助于教师更好地了解学生的学习进展和需求，以便调整教学策略和提供个性化的辅导。

综上所述，远程教学和远程实验在素养本位高中化学教学的支持与应用方面发挥着重要的作用。它们不仅提供了灵活的学习方式和跨地域的合作学习机会，还为学生提供了近乎实际的虚拟实验体验。同时，远程教学和远程实验也为教师提供了更广泛的教学资源和评估手段，促进教学效果的提升。因此，在素养本位高中化学教学中，教育技术的应用和远程教学、远程实验的利用是非常有价值的。

## 四、数据处理与分析工具的运用

教育技术中的数据处理与分析工具的运用在素养本位高中化学教学的支持与应用方面扮演着重要的角色。随着信息技术的发展和数据科学的兴起，各种数据处理和分析工具被广泛应用于教学实践中。这些工具能够帮助教师和学生更好地理解和利用化学数据，提升教学和学习的效果。

首先，数据处理与分析工具可以帮助教师进行教学设计和教学评估。教师可以通过数据处理工具收集、整理和分析学生的学习数据，例如学生成绩、作业完成情况、在线测验结果等。借助数据分析工具，教师可以对学生的学习状况进行全面评估，了解学生的掌握程度、问题所在和学习进展。基于这些数据，教师可以针对性地调整教学策略、提供个性化的辅导和支持，以满足学生的不同学习需求。

其次，数据处理与分析工具可以帮助学生进行自主学习和实验研究。学生可以通过数据工具对化学实验数据进行处理和分析，提取有意义的信息和结论。比如，学生可以使用数据处理软件绘制实验结果的曲线图、柱状图等图表，分析实验结果的规律和趋势。这种实践能够培养学生的科学思维、数据分析和解决问题的能力，提升他们的实验技能和探究精神。

再次，数据处理与分析工具可以帮助学生深入理解化学概念。通过使用数据工具处理和分析化学数据，学生可以将抽象的化学知识与实际数据进行对应和联系。例如，在进行反应速率实验时，学生可以使用数据处理软件绘制反应速率与浓度之间的关系曲线，从中得出反应速率与浓度的关联。这样的实践可以帮助学生更好地理解和应用化学原理，加深对化学概念的理解。

此外，数据处理与分析工具还可以帮助学生开展科学研究和创新项目。学生可以利用数据工具对相关化学数据进行收集、整理和分析，从而发现新的规律和现象，提出新的科学问题，并通过实验和模拟方法来验证和解释。这种科学研究的实践不仅培养了学生的科学探究能力和创新思维，还能够加深学生对化学知识的理解和应用。

最后，数据处理与分析工具也可以帮助学生进行跨学科的学习和研究。化学作为一门综合性学科，常常与其他学科如数学、物理等相互关联。学生可以利用数据处理与分析工具将化学数据与其他学科的数据进行整合和比较，进行跨学科的综合研究。通过这样的跨学科学习实践，学生能够更好地理解和应用化学知识，并拓宽自己的学科视野。

综上所述，教育技术中的数据处理与分析工具在素养本位高中化学教学中具有重要的作用。它们能够帮助教师进行教学设计和评估，帮助学生进行自主学习和实验研究，深化化学概念的理解，开展科学研究和创新项目，以及促进跨学科的学习和研究。因此，在素养本位高中化学教学中，合理运用数据处理与分析工具是非常有益的，可以提升教学和学习的效果，培养学生的科学思维和数据分析能力。

# 第九章　素养本位的高中化学教学的实践研究案例

## 第一节　实践案例一：高中化学素养本位教学实践的设计与实施

### 一、背景和目标

在高中化学教学中，传统的教学模式往往侧重于知识的灌输和记忆，缺乏对学生思维能力和实践能力的培养。为了改变这种状况，我们设计并实施了一套高中化学素养本位教学方案。该方案旨在通过培养学生的素养，提升他们的科学思维能力、实验操作技能和问题解决能力。

### 二、教学设计

教学内容的选择：我们选择了一个有机化合物的鉴别实验作为教学内容。这个实验涉及物质的性质观察、实验室操作技巧以及数据分析等多个方面，适合培养学生的素养。

学生参与度的提高：我们采用了多元化的教学方法，如小组合作学习、案例分析和讨论等，以激发学生的兴趣和主动参与，增强学生的学习效果。

实践操作的重视：我们注重实验操作的指导和培养学生的实验设计能力。在实验过程中，我们要求学生自行计划实验步骤、记录实验数据，并进行结果分析与解释。

知识与实践的结合：除了传授化学理论知识，我们还鼓励学生将所学知识与实际问题相结合，进行科学探究和问题解决，培养他们的综合能力。

## 三、实施过程

知识导入：通过引入一个有机化合物的实例，激发学生的兴趣并开启本次实践教学的话题。同时简要介绍有机化合物的相关概念和实验的目的。

实验操作：安排学生进入实验室，按照预设的实验方案进行操作。教师在旁进行指导，提供必要的帮助。

数据记录与分析：学生根据实验结果，记录观察数据，并对数据进行分析和解释。教师在此过程中给予必要的指导和反馈。

学习讨论与总结：学生在小组内进行结果交流和讨论，分享彼此的观察和分析结果。随后进行整体班级的讨论，由学生共同总结、归纳所学内容。

作业布置：根据本次实验学习的内容，布置适当的作业，以检验学生对所学知识的理解和掌握程度。

## 四、教学评估

实验报告评估：评价学生在实验记录、数据分析和结果解释等方面的表现，以判断他们对实验过程和原理的理解和掌握情况。

组织讨论评估：结合学生的小组讨论和班级讨论，评估学生在问题交流、思维拓展和科学探究中的表现。

个人表现评估：通过观察学生在实验操作、讨论和总结归纳等环节中的表现，评估他们的积极性、主动性和合作能力。

## 五、教学反思与改进措施

通过本次教学实践的设计与实施，我们可以得出以下的教学反思和改进措施。

学生参与度不足：在今后的教学中，我们可以更加关注学生的主动参与，采用更多互动式的教学方法，如个案研究、问题解决等，让学生更加积极地参与到学习过程中。

实践操作能力提升：鉴于学生对实验操作能力的不足，我们可以增加实验操作环节的训练次数，引导学生独立进行实验设计，并提供更加具体的指导和反馈，以提高他们的实践操作能力。

科学探究与问题解决能力培养：为了培养学生的科学探究和问题解决能力，

我们可以增加更多的探究性实验和开放性问题，引导学生主动思考和探索，帮助他们发展科学思维和创新能力。

评价方式的完善：综合评价是教学效果评估的重要组成部分。今后我们可以结合多种评价方式，如实验报告、口头表达、小组讨论记录等，来全面评估学生的素养水平。

## 第二节　实践案例二：高中化学素养本位教学实践的设计与实施

### 一、背景和目标

高中化学素养本位教学旨在培养学生的化学素养，注重学生对化学知识的理解和应用能力的培养。本次实践案例的目标是通过设计和实施一堂高中化学课程，提高学生的问题解决能力、实验设计能力以及探究与创新思维能力。

### 二、教学设计

教学内容的选择：选择了一个关于酸碱中和反应的探究性实验作为教学内容。这个实验涉及酸碱溶液的配制、滴定操作以及数据处理等，适合培养学生的实验设计能力和数据分析能力。

学生参与度的提高：采用讨论式教学和小组合作学习等方式，激发学生的积极性和主动参与，增强学生的学习效果。

实践操作的重视：注重学生的实验操作能力的培养。在实验过程中，引导学生进行实验设计，让学生自行计划实验步骤、记录实验数据，并进行结果分析与解释。

探究与创新思维的培养：除了传授化学理论知识，应鼓励学生将所学知识应用到实际问题中，并进行科学探究。通过引导学生提出问题、分析数据和得出结论等活动，培养学生的探究与创新能力。

## 三、实施过程

知识导入：通过回顾前期学习的相关知识，引导学生复习并扩展其对酸碱中和反应的理解。

实验操作：安排学生进入实验室，按照预设的实验方案进行操作。教师在旁进行指导，提供必要的帮助。

数据记录与分析：学生根据实验结果，记录观察数据，并进行数据处理与分析。教师在此过程中给予必要的指导和反馈。

学习讨论与总结：学生在小组内进行实验结果交流和讨论，分享彼此的观察和分析结果。随后进行整体班级的讨论，由学生共同总结、归纳所学内容。

问题解决与实践：引导学生利用所学知识和实验数据解决相关的实际问题，培养其问题解决能力和创新思维。

评估和反馈：根据学生的实验报告、问题解答和讨论表现，进行评估，并给予及时的反馈。

## 四、教学反思与改进措施

通过本次教学实践的设计与实施，可以得出以下的教学反思和改进措施。

强化实验设计能力培养：在今后的教学中，教师可以增加更多的实验设计环节，引导学生自主设计实验方案，提高他们的实验设计能力。

加强创新思维培养：为了培养学生的创新思维，教师可以引导学生进行开放性问题的讨论和研究，鼓励他们提出新颖的观点和方法，并促使他们在解决问题的过程中发展创造性思维。

多元化评价方式：综合评价是教学效果评估的重要组成部分。今后教师可以采用多种评价方式，如实验报告、问题解答、讨论记录等，以全面评估学生的素养水平，并为他们提供有针对性的反馈和指导。

教学资源的优化：在教学过程中，教师需要准备充足的实验材料和教学资源，以保证实践教学的顺利进行。此外，也可以引入多媒体技术和在线学习平台等现代化教学工具，提升教学效果和学生的学习动力。

# 第三节　实践案例比较与总结分析

第一个实践案例是关于高中化学知识复习的学习策略设计。这个案例旨在通过各种复习方法来帮助学生巩固和扩展所学的化学知识，包括梳理知识框架、解决问题和做题目。这个案例着重于提升学生的学习效果和学习动力，通过多种学习策略的组合应用，帮助学生更好地掌握和应用化学知识。这个案例的优点是注重巩固基础知识，但缺点是可能过于依赖传统的书面学习方式，缺少实践操作的环节。

第二个实践案例是关于高中化学素养本位教学的设计与实施。这个案例以酸碱中和反应的实验为例，注重培养学生的实验操作能力和科学探究能力。通过引导学生进行实验设计和数据处理，激发学生的探究和创新思维。这个案例的优点是注重实践操作和科学探究，但缺点是可能缺乏理论知识的系统性讲解和扩展。

综上所述，这两个实践案例都有各自的优点和可改进之处。在设计和实施中，可以借鉴彼此之间的经验，并结合实际情况进行调整和改善。同时，也要注重培养学生的实际应用能力和创新思维，通过多种教学策略和评价方式，激发学生的学习兴趣和动力。

未来，在高中化学素养本位教学的实践中，应重视理论知识与实践操作的结合，注重培养学生的实际应用能力和创新思维。同时，还需要不断更新教学资源和教学方法，利用先进的科技设备和虚拟实验平台等现代化工具，提升教学效果和学生的学习动力。

此外，也要关注评估的重要性，在教学过程中采用多元化的评价方式，全面了解学生的素养水平，并为他们提供有针对性的反馈和指导。

总之，高中化学素养本位教学的实践需要综合运用多种教学策略和评价方式，注重实践操作、科学探究和创新思维等方面的培养。通过不断改进和创新，可以提高教学效果，激发学生对化学学科的兴趣和热爱，并为他们的学习和未来的发展奠定坚实的基础。

# 参考文献

[1] 封欣慧.基于核心素养的高中化学项目式教学实践研究[D].漳州：闽南师范大学,2023.

[2] 黄舒颖.核心素养视域下融入美育的高中化学教学实践[D].漳州：闽南师范大学,2023.

[3] 陈秋蜜.核心素养下高中化学实验教学优化的实践研究[J].名师在线,2023,(18):23-25.

[4] 詹益仕.基于核心素养的高中无机化学“教—学—评”一体化实践——以2019年人教版高中化学必修一“钠的几种化合物”为例[J].名师在线,2023,(18):83-87.

[5] 吴玉琼.基于发展学科核心素养的高中化学教学实践[J].智力,2023,(16):120-123.

[6] 伊荣英.基于学科核心素养视角高中化学教学的实践转向[J].高考,2023,(16):42-44.

[7] 朱宏,李莉,吴竹君.基于学科核心素养的高中化学教学实践路径——以“氧化还原反应”课程教学为例[J].甘肃教育研究,2023,(05):123-126.

[8] 田野.高中化学教学中生态文明教育习题使用现状及策略研究[D].沈阳师范大学,2023.

[9] 刘明明.学科核心素养视域下高中化学教师课堂教学能力研究[D].沈阳师范大学,2023.

[10] 马艳辉,梅才宏.“素养为本”的高中化学课堂教学设计与实践研究——以《硫及其化合物》的单元教学设计为例[J].安徽教育科研,2023,(14):36-38.

[11] 田珈丞.基于高中化学核心素养“导学案”设计与实践研究[D].重庆：重庆三峡学院,2023.

[12] 王微.基于化学学科核心素养的高中化学单元教学设计与实践研究[D].伊犁：伊犁师范大学,2023.

[13] 张楠.高中化学课程思政教育现状调查及实践研究[D].伊犁：伊犁师范大学,2023.

[14] 刘梦鑫.高中化学核心素养的大概念教学实证研究[D].伊犁：伊犁师范大学,2023.

[15] 刘蕊.基于“模型认知”素养的高中化学教学设计与实践研究[D].伊犁：伊犁师范大学,2023.

[16] 陈俊红.基于化学核心素养的高中单元教学设计与实践[D].伊犁：伊犁师范大学,2023.

[17] 王丹阳.基于核心素养培养的高中化学教学设计与实践——以“共价键的形成和类型”为例[J].数理化解题研究,2023,(12):89-91.